Al Ries
&
Laura Ries

Die 22 unumstößlichen Gebote des Branding

Al Ries & Laura Ries

Die 22 unumstößlichen Gebote des Branding

Aus dem Amerikanischen übersetzt
von Ursula Bischoff

Econ

Titel der amerikanischen Originalausgabe:
The 22 Immutable Laws of Branding
Übersetzt aus dem Amerikanischen von Ursula Bischoff

2. Auflage 2001

Der Econ Verlag
ist ein Unternehmen der Econ Ullstein List Verlag
GmbH & Co. KG, München

ISBN 3-430-17769-3

Gesetzt aus der Century und Frutiger bei
Josefine Urban – KompetenzCenter, Düsseldorf
Papier: Papierfabrik Schleipen GmbH, Bad Dürkheim
Druck und Bindearbeiten:
Bercker Graphischer Betrieb GmbH & Co. KG, Kevelaer

Inhalt

Einführung

In unserem letzten Buch *Focus: The Future of Your Company Depends on It* (deutsch: Die Strategie der Stärke, Düsseldorf 1996) wurden Strategien für Unternehmen beschrieben, die mehr Profit und mehr Profil entwickeln wollen. In diesem Buch wird das Fokuskonzept auf den Marketingprozeß selbst angewendet.

Die Abläufe im Marketing sind zu kompliziert, zu undurchsichtig und durch das Fachchinesisch der Experten zu unverständlich geworden. In den meisten Firmen werden die Marketingaktivitäten verschiedenen Funktionsbereichen überantwortet: Werbung, Produktentwicklung, Produktdesign, Verbraucherforschung, Verkaufsförderung und Öffentlichkeitsarbeit, um nur einige wenige zu nennen.

Die Koordination und Integration dieser Splitterbereiche ist heutzutage eine eigenständige, wichtige Aufgabe im Unternehmen. Wenn das Marketing als treibende Kraft in einer Organisation gleichwohl halten soll, was es verspricht, muß der Marketingprozeß selbst auf einen einfachen Nenner gebracht werden. Mit anderen Worten: Er muß sich wieder auf seine Kerninhalte konzentrieren.

Was ist das vorrangige einzelne Ziel im Marketingprozeß? Der Klebstoff, der die weitläufige Palette der Marketingfunktionen zusammenhält?
Wir sind der Meinung: der »Brandingprozeß«.
Das A und O im Marketing ist das Bestreben, einem Markenprodukt im Gedächtnis der Käufer eine nachhaltige Präsenz zu verschaffen. Wenn es Ihnen gelingt, ein starkes Markenprodukt aufzubauen, das in den Köpfen der Kunden eine Vorrangstellung einnimmt, zeichnet sich Ihr Marketingprogramm ebenfalls durch Stärke und nachhaltige Präsenz aus. Wenn nicht, können Sie samt Werbung, Verpackungskinkerlitzchen, Verkaufsförderung und PR-Arbeit keinen sauren Hering vom Teller ziehen, geschweige denn Ihr Marketingziel erreichen.
Marketing und Branding sind wie siamesische Zwillinge: Die beiden Konzepte sind so eng miteinander verwachsen, daß sie sich nicht trennen lassen. Und da sämtliche Aktivitäten in einem Unternehmen ihr Scherflein zum Brandingprozeß beitragen, kann man das Marketing nicht isoliert betrachten.
Marketing ist der eigentliche Daseinszweck und das Kerngeschäft jedes Unternehmens, sein ultimatives Ziel. Deshalb sollten die aktive Einbindung in den Marketingprozeß und insbesondere die Beachtung der Gebote im Branding nicht Chefsache, sondern Ehrensache für jeden Mitarbeiter sein.
Wenn das ganze Unternehmen ein einziges Marketingteam bildet, sollte das ganze Unternehmen zwangsläufig auch im Brandingprozeß mobilisiert werden und an einem Strang ziehen.
Es mag unlogisch erscheinen, aber es wäre dennoch

vorstellbar, daß der Marketingbegriff selbst irgendwann obsolet und ausgemustert wird, um einem neuen Konzept Platz zu machen: dem »Branding«.
Beschleunigt wird diese Entwicklung durch den Niedergang des Verkaufsprozesses. Als Beruf und Funktion geht es mit der Verkaufstätigkeit im Zeitlupentempo bergab, wie bei der *Titanic*. Heute werden die meisten Produkte und Dienstleistungen nicht *ver*kauft, sondern *ge*kauft. Der Brandingprozeß leistet auf der anderen Seite dem Verfallsprozeß Vorschub. Er ebnet den Weg für Produkte oder Dienstleistungen, so daß diese bei bestehenden und potentiellen Kunden schon im Vorfeld Akzeptanz finden. Branding ist nichts anderes als ein wirksameres Verkaufsinstrument.
Der alte Spruch: »Ohne Verkauf läuft gar nichts!« wird heute durch die Parole ersetzt: »Ohne Branding läuft gar nichts!«
Das beste Beispiel sind Supermärkte oder Drugstores. Wenn die Kunden vor den Regalen stehen und die Qual der Wahl zwischen verschiedenen Markenartikeln haben, finden hochkomplexe *Kauf*entscheidungen statt. Doch wo bleibt der Verkauf?
Der Verkaufsprozeß ist bereits in der Marke enthalten. Im Multimedia-Zeitalter wird die verbale Schützenhilfe für ein Produkt, vor allem die Garantieerklärungen, nicht durch die persönlichen Empfehlungen des Verkaufspersonals, sondern durch den Markennamen repräsentiert.
Was seit Jahren im Supermarkt schwelt, breitet sich nun wie ein Flächenbrand quer durch die gesamte Marketinglandschaft aus. Ein flammendes Beispiel

ist das einstige Mekka der Verkaufsprofis, die Hochdruck erzeugen: der Gebrauchtwagenhandel. Der Gebrauchtwagenverkäufer, der wie ein Maschinengewehr sein Sprüchlein herunterrasselte, wird heute von seelenlosen Abstellplätzen für namhafte Vehikel aus zweiter Hand wie AutoNation USA und CARMax ersetzt. In einem Umfeld ohne markantes Profil und zwischen Tausenden von Vehikeln, die gleichermaßen um die Gunst der Schnäppchenkäufer buhlen, treffen diese ihre Entscheidung mit einem Mindestmaß an Hilfe von seiten der Verkäufer, die in erster Linie auf der Gehaltsliste stehen, damit sie Patrouille gehen.

Im Prinzip wird der Gebrauchtwagenhandel, einst das Eldorado der Zocker, einem Supermarkt wie Wal-Mart zunehmend ähnlicher. Produkte werden bergeweise gelagert, gekonnt arrangiert und zum vernünftigen Preis feilgeboten, aber nie »verkauft«.

Der Clou beim branding-zentrierten Autokauf ist das Internet. Die Käufer bestellen ihre Vehikel via Webside, ohne sie mit eigenen Augen geprüft und nach einer Probefahrt für gut befunden zu haben.

Dieser Trend in der Automobilindustrie läßt sich auch in vielen anderen Sparten beobachten. Im Finanzdienstsektor gehen namhafte Unternehmen wie Charles Schwab, E*Trade, Fidelity und Vanguard mit direktem Zugang zu ihren Finanzprodukten, niedrigeren Courtagen und einem Online-Kundendienst ins Rennen, so daß die konventionellen Aktienhändler das Nachsehen haben und ihrem Geld hinterherlaufen müssen.

In der Welt der Unternehmen finden seismische

Erschütterungen statt, die eine Lawine nach der anderen auslösen. Der Schwerpunkt hat sich vom Verkauf auf den Einkauf verlagert. Die Lawine wird losgetreten, beschleunigt und verbreitert durch Geburt und Aufstieg der Markenprodukte.

Was ist eine Marke?

Der Kern des Marketingprozesses ist der Aufbau einer Marke im Gedächtnis der Käufer. Aber was ist eine Marke?

Einige Führungskräfte glauben, daß Marken einzigartige Identitäten und Merkmale besitzen, getrennt vom Firmen- oder Produktnamen. »Der Name ist zu einem Markenartikel geworden«, sagte ein Finanzanalyst über das erfolgreiche Marketing eines Unternehmens.

Der Name ist zu einem Markenartikel geworden. Was steckt hinter dieser Aussage? Nichts als heiße Luft. In den Köpfen der Käufer besteht kein Unterschied zwischen einem Firmen- oder Produktnamen und einem Markennamen.

Marketingleute können alle nur erdenklichen Definitionen für Firmen-, Bereichs-, Marken- und Modellnamen aus dem Hut zaubern; ganz zu schweigen von Sekundärmarken, Megamarken, Flankenmarken und anderen, nur Eingeweihten bekannten Variationen im Brandingprozeß.

Ein Blick in die Köpfe der Käufer enthüllt freilich, daß alle diese Spielarten spurlos aus dem Gedächtnis verschwunden sind. Können Sie sich vorstellen,

daß jemand zu einem Freund sagt: »Was hältst du eigentlich von dieser neuen Flankenmarke?«
»Hmm, ist nicht mein Fall. Ich bleibe lieber bei meinen Mega- und Sekundärmarken.«
So redet niemand. Und so denkt auch niemand. Um mit Gertrude Stein zu sprechen: »Eine Marke ist eine Marke, ist eine Marke.«
Ein Markenname ist nicht mehr als ein Wort im Gedächtnis des Käufers, wenn auch ein ganz besonderes. Ein Markenname ist ein Eigenname, der wie alle Eigennamen mit einem großen Anfangsbuchstaben geschrieben wird.
Jeder Eigenname ist ein Markenname, gleich ob es sich im Besitz einer Einzelperson, eines Unternehmens oder einer sozialen Gruppe befindet. *Patagonia* ist der Markenname einer Konfektionslinie, aber auch die Tourismusbranche in Argentinien und Chile hat ihn auf ihre Fahnen geschrieben, um die Reiselust in diese noch unverfälschte, idyllische Landschaft zu beleben.
Philadelphia ist eine marktführende Frischkäsesorte, aber auch die Stadt der »brüderlichen Liebe«, wie es im Griechischen heißt.
Markennamen sind nicht auf die Einträge im Handelsregister beschränkt, die sich in den USA auf 1,2 Millionen belaufen. Und ebensowenig auf die zusätzlichen Millionen Namen und Warenzeichen, die in anderen Ländern der Welt registriert sind.
Jeder richtige Eigenname ist ein Markenname. Auch Sie sind eine individuelle Marke. (Und wenn Sie im Leben Erfolg haben wollen, sollten Sie sich als unverwechselbares Markenprodukt betrachten und entsprechend handeln.)

Die Stärke einer Marke liegt in ihrer Fähigkeit, das Kaufverhalten zu beeinflussen. Aber der Markenname auf einer Verpackung hat nicht das gleiche Gewicht wie der Markenname im Gedächtnis der Käufer.
Wenn jemand auf dem Nachhauseweg an einem 7-Eleven-Supermarkt anhält, um ein Brot und einen Viertelliter Milch zu kaufen, nimmt er letztlich zwei Markenprodukte mit nach Hause. Trotzdem ist es möglich, daß Markenpräferenzen nur eine geringe oder gar keine Rolle im Bewußtsein des Kunden spielen. Milch ist für ihn Milch, und Brot ist Brot.
Derselbe Kunde könnte außerdem noch einen Sechserpack Bier und eine Stange Zigaretten kaufen. Höchstwahrscheinlich nimmt er jetzt eine bestimmte Biermarke und eine bestimmte Zigarettenmarke aus dem Regal.
Laut Lehrbuch unterscheiden sich Bier und Zigaretten von Brot und Milch. Erstere sind Markenartikel, letztere Massenartikel.
Obwohl das im engsten Sinn des Wortes stimmen mag, wird dabei ein wichtiger Punkt übersehen: Man kann eine Marke in jeder Produktkategorie aufbauen, einschließlich Brot und Milch, solange man sich an die Gebote im Branding hält. Einige Firmen haben dieses Talent bereits unter Beweis gestellt, mit Markenprodukten wie Lactaid (bei Milch) und Earth Grains (beim Brot).
Der größte Massenartikel ist H_2O, auch Wasser genannt. Da fast jeder Mensch in Amerika auf geschmacklich gutes, supersauberes Trinkwasser aus der Leitung zurückgreifen kann, besteht eigent-

lich keine Notwendigkeit, es im Laden für teures Geld zu kaufen. Aber viele tun es.

Evian ist in den USA eine so zugkräftige Marke, daß wir das letzte Mal 1,69 Dollar für eine 1,5-Liter-Flasche auf den Tisch blättern mußten. An jenem Tag war das Edelwasser, auf Literbasis, um 20 Prozent teurer als Budweiser-Bier, um 40 Prozent teurer als Borden's-Milch und um 80 Prozent teurer als Coca-Cola. Eine Marke, die allen davonzieht.

Mit diesem Buch möchten wir Ihnen helfen, das Markendenken oder den »Brandingprozeß« als Credo in Ihr Unternehmen einzubinden. Mit anderen Worten: Ihr Wasser in Evian zu verwandeln. Oder sich selbst in den nächsten Bill Gates.

Setzen Sie Ihre Ziele hoch an. Sie können nie mehr erreichen als das, wonach Sie streben.

Was ist Branding?

Vom unternehmerischen Standpunkt hat das Branding im Markt große Ähnlichkeit mit einer der wichtigsten Tätigkeiten auf einer Ranch: Das Vieh wird mit einem Brandzeichen kenntlich gemacht.

Ein Brandingprogramm sollte bewirken, daß sich Ihre Cash-Kuh klar von anderen auf der Weide unterscheidet.

Ein erfolgreiches Brandingprogramm basiert auf dem Konzept der Einzigartigkeit. Es schafft in den Köpfen der Käufer die Wahrnehmung, daß Ihr Produkt einen unverwechselbaren Stempel trägt und daß kein anderes ihm das Wasser reichen kann.

Spricht ein erfolgreiches Markenprodukt jedermann an? Mitnichten. Das Konzept der Einzigartigkeit gewährleistet, daß keine Marke allen alles sein kann. Trotzdem erfreuen sich Strategien wie die Verbreiterung der Kundenbasis, die Ausweitung der Kaufanreize und die Aufstockung des Leistungsprogramms im Marketing großer Beliebtheit. Dieselben Kräfte, die darauf abzielen, den Marktanteil eines Unternehmens zu erhöhen, höhlen das Fundament der Marke aus.

Wie man diese Kräfte steuert und kontrolliert, sowohl innerhalb als auch außerhalb des Unternehmens, ist eines der Hauptthemen in diesem Buch.

Chevrolet

Chevrolet war früher die Automobilmarke mit dem größten Umsatzvolumen in den USA. 1986 verkaufte Chevrolet (General Motors) sage und schreibe 1 718 839 Pkws. Doch infolge des Versuchs, auf allen Hochzeiten zu tanzen, erlahmte die Zugkraft der Marke. Heute setzt Chevrolet weniger als eine Million Autos im Jahr ab und ist hinter Ford auf den zweiten Platz im Markt zurückgefallen.

Das 1. Gebot im Branding:

Zügeln Sie Ihren Expansionstrieb

Die Stärke einer Marke
ist umgekehrt proportional zu ihrer Bandbreite.

Denken Sie an Chevrolet. Was fällt Ihnen spontan dazu ein?

Nicht viel? Kein Wunder.

Chevrolet ist ein großer, kleiner, teurer, preisgünstiger Pkw . . . oder ein Lkw.

Wenn Sie allem Ihr Markenzeichen anhängen, verliert Ihr Name an Zugkraft. Chevrolet war früher in den USA ein Renner. Lang ist es her. Heute hält Ford den Platz an der Spitze besetzt.

Denken Sie an Ford. Das gleiche Problem. Ford und Chevrolet, einst die Verkaufsraketen unter den Marken-Automobilen, sind ausgebrannt. Langsam, aber sicher reif für die Schrotthalde.

Ford-Käufer reden über ihren Taurus. Oder ihren Bronco. Oder ihren Explorer. Oder ihren Escort.

Chevrolet-Käufer reden über . . . Tja, worüber reden sie bloß, die Chevy-Fans? Außer der Corvette gibt es in der Chevrolet-Personenkraftwagengruppe keine Marke, die der Erwähnung wert wäre. Daher Chevys Brand-Imageproblem.

Bei Chevrolet rollen zehn verschiedene Automodelle vom Band. Bei Ford nur acht. Das ist einer der Gründe, warum Ford Chevrolet in puncto Verkaufszahlen abhängt. Die Stärke einer Marke ist umgekehrt proportional zu ihrer Bandbreite.

Warum bringt Chevrolet so viele Modelle auf den Markt? Weil das Unternehmen mehr Autos verkaufen will. Und kurzfristig gelingt es ihm auch. Aber langfristig sägt es den eigenen Ast im Gedächtnis der Käufer ab.

Kurzfristig oder langfristig, das ist hier die Frage. Soll man das Programm erweitern, um kurzfristig den Absatz hochzuschrauben? Oder setzt man auf »klein und fein«, um mit der Marke Fuß im Gedächtnis der Käufer zu fassen und die Absatzentwicklung auf lange Sicht zu verbessern?

Soll man eine Marke heute in aller Ruhe auf ein festes Fundament stellen, um die Ware morgen besser zu verkaufen? Oder soll man die Gunst der Stunde nutzen, um aus einem begehrten Produkt in aller Eile eine ganze Produktpalette zu zaubern, selbst auf die Gefahr hin, daß dieses Kartenhaus morgen einstürzt?

In den meisten Unternehmen ist die kurzfristige Perspektive vorrangig. Erweiterung des Sortiments, Megabranding, variable Preisgestaltung und eine ganze Batterie von ausgeklügelten Marketingtechniken werden aufgeboten, um die Marken zu melken, statt sie aufzubauen. Beim Melken bringt man kurzfristig seine Schäfchen ins trockene, aber langfristig wird die Marke so stark zur Ader gelassen, daß sie ausgezehrt ist und für nichts mehr steht.

Was Chevrolet in der Automobilindustrie verbockt hat, verpfuscht American Express heute im Kreditkartengeschäft. AmEx war früher Branchenprimus, die Mitgliedschaft mit Prestige und Privilegien verknüpft. Dann begann das Unternehmen, sein Programm mit immer neuen Karten und Serviceleistungen abzurunden, vermutlich, um den Marktanteil zu erhöhen. AmEx hatte sich offenbar das Ziel gesetzt, ein Super-Gemischtwarenladen auf dem Finanzsektor zu werden.

1988 besaß American Express nicht mehr als eine Handvoll Kreditkarten und einen Marktanteil von 27 Prozent. Dann begann es, den Markt mit einer veritablen Kartenflut zu überschwemmen: Karten für Senioren und Studenten, Membership Miles (für Vielnutzer), Optima, Optima Rewards Plus Gold, Delta SkyMiles Optima, Optima True Grace, Optima Golf, Purchasing und Corporate Executive, um nur einige wenige zu nennen. Laut Konzernchef visierte man das Ziel an, zwölf bis fünfzehn neue Karten pro Jahr unters Volk zu bringen.

Der Marktanteil von American Express heute: 18 Prozent.

Levi Strauss hielt sich mit seinen Blue jeans an das gleiche Muster. Um eine breitere Zielgruppe anzusprechen, führte Levi's eine Fülle verschiedener Stilrichtungen und Schnitte ein, Hosen mit Sackeffekt (Baggies für die Kids), mit Reißverschluß (statt der Knöpfe) und mit weiten Beinen (statt der klassischen Röhre) eingeschlossen. Zeitweilig gab es Levi's Jeans in siebenundzwanzig verschiedenen Ausführungen im Handel. Und wenn ein Käufer keine Jeans von der Stange fand, die wie angegossen paßte, fertigte Levi's sogar ein Paar nach Maß. Trotzdem schrumpfte der Anteil des Hosenherstellers im Blue-jeans-Markt in den vergangenen sieben Jahren von 31 auf 19 Prozent.

Procter & Gamble folgten der gleichen Strategie mit Zahnpasta. Als wir für die Marke Crest als Berater tätig waren, sagte der Marketingmanager: »Auf Crest entfallen 38 Einheiten im Lagerbestand. Was meinen Sie, ist das zuviel oder zuwenig?«

»Wie viele Zähne gehören zu einem kompletten Gebiß?« lautete unsere Gegenfrage.

»Zweiunddreißig.«

»Keine Zahnpasta sollte mehr Einheiten als der Mensch Zähne haben.«

Damals konnte Crest 36 Prozent des Marktes für sich verbuchen. Heute hat die Marke mehr als fünfzig Lagerbestandseinheiten, aber der Marktanteil ist auf 25 Prozent zurückgegangen. Und es überrascht wohl nicht, daß Crest seine Führungsposition an Colgate verloren hat.

Viele Firmen versuchen, Programmerweiterungen durch Herunterbeten des Master-, Super- oder Megamarkenkonzepts zu rechtfertigen.

- Chevrolet ist die Megamutter, und Camaro, Caprice, Cavalier, Corsica-Beretta, Corvette, Lumina, Malibu, Metro, Monte Carlo und Prizm sind eigenständige Marken.
- Pontiac ist die Megamutter, und Bonneville, Firebird, Grand Am, Grand Prix und Sunfire sind eigenständige Marken.

- Oldsmobile ist die Megamutter, und Achieva, Aurora, Ciera, Cutlass Supreme, Intrigue, Eighty Eight und Ninety Eight sind eigenständige Marken.

Aber so denken die Käufer nicht. Sie versuchen, in Gedanken jedem Produkt eine bestimmte Marke zuzuordnen. Und dabei gehen sie weder logisch noch konsequent vor. Sie verwenden meistens denjenigen Namen, der die charakteristischen Merkmale des Produkts am besten zum Ausdruck bringt. Das kann ein Megamarkenname sein. Oder ein Modellname. Oder ein Spitzname.

Der Lumina-Besitzer sagt beispielsweise: »Ich fahre einen Chevrolet.« Und der Corvette-Besitzer sagt: »Ich fahre eine Vette.«

Im Gedächtnis des Käufers gibt es unzählige kleine Wippen. Und wie bei ihren Entsprechungen im richtigen Leben können nicht beide Seiten gleichzeitig oben sein. Auf der Chevrolet-Lumina-Wippe befindet sich Chevrolet oben, deshalb sagt der Wagenbesitzer: »Ich fahre einen Chevrolet.« Auf der Chevrolet-Corvette-Wippe befindet sich Corvette oben, also sagt der Corvette-Besitzer: »Ich fahre eine Vette.«

Die Marketingexperten lassen immer wieder Brandingprogramme vom Stapel, die in Konflikt mit den Markenvorstellungen der Käufer geraten. Letztere ziehen Marken mit eingeschränkter Bandbreite vor, die sich mit einem einzigen Wort von anderen abheben, und je kürzer das Schlüsselwort, desto besser.

Doch die Marketingexperten bringen in ihrem Eifer, ihre Produkte von anderen, ähnlichen im Markt abzugrenzen, die reinsten Zungenbrecher als Markennamen ins Spiel.

- Vaseline Intensive Care suntan lotion (Sonnenlotion)
- Neutrogena oilfree acne wash (Waschlotion gegen Akne)
- Gillette ClearGel antiperspirant (Deo)
- Johnson's Clean & Clear oilfree foaming facial cleanser (Reinigungsschaum fürs Gesicht)
- St. Joseph's aspirinfreie Tabletten für Erwachsene
- Kleenex Super Dry Babywindeln
- Fruit of the Loom Waschmittel
- Harley-Davidson winecooler (Erfrischungsgetränk mit Wein, Früchten und Sodawasser)
- Heinz all-natural cleaning vinegar (naturbelassener Reinigungsessig)

Die Marktteilnehmer verwechseln oft die Stärke einer Marke mit dem Absatz, den sie erzielt. Doch das Absatzvolumen ist mehr als die Funktion eines starken Markenprofils. Es ist auch von der Wettbewerbsstärke oder -schwäche der Konkurrenzprodukte abhängig.
Wenn der Wettbewerb nicht der Rede wert ist oder durch Abwesenheit glänzt, läßt sich eine zähe Absatzentwicklung häufig vorantreiben, wenn Sie Ihre Marke verwässern. Das heißt: durch Streuung nach dem Gießkannenprinzip, um mehr Segmente des Marktes einzubeziehen. Wenn's klappt, könnten Sie folglich zu der Schlußfolgerung gelangen, daß die Programmerweiterung eine Glanzleistung war.

Was Sie damit demonstriert haben, ist jedoch nicht die eigene Stärke, sondern die Schwäche des Wettbewerbs. Coca-Cola hatte nichts zu verlieren, als es Diet Coke einführte, weil die Konkurrenz (Pepsi-Cola) ebenfalls eine Magermixvariante, Diet Pepsi, in ihr Sortiment aufgenommen hatte.

Mit der Programmerweiterung können Sie kurzfristig Land gewinnen, aber das Brandingkonzept wird damit konterkariert. Wenn Sie eine Marke mit starkem Profil im Gedächtnis der Käufer aufbauen wollen, sollten Sie Ihre Produktpalette nicht ausdehnen, sondern vielmehr auf den Punkt bringen. Auf lange Sicht mindert der erweiterte Aktionsradius Ihre Stärke und schwächt Ihr Image.

In nur wenigen Jahren mauserte sich Starbucks zu einer der bekanntesten und beliebtesten Marken in den USA. Den Fokus auf Kerngeschäfte zu begrenzen, um diese um so größer herauszubringen, und ein begrenztes Sortiment zu führen ist nicht dasselbe. Starbucks bietet dreißig verschiedene Kaffeesorten an.

Das 2. Gebot im Branding: **Trimmen Sie Ihr Programm**

Eine Marke wird stärker,
wenn Sie ihren Fokus begrenzen.

Jedes kleine Nest in Amerika hat einen *Coffee shop.* In größeren Städten und in den Metropolen des Landes findet man sie an jeder Straßenecke.

Was gibt es in diesen Mini-Kaffeestuben zu essen? Alles, was das Herz begehrt. Frühstück, Mittagessen, Abendessen. Pfannkuchen, Muffins, Hot dogs, Hamburger, Sandwiches, Kuchen, Eis und, nicht zu vergessen, Kaffee.

Was hat sich Howard Schultz einfallen lassen? In einem schier unglaublichen Anfall unternehmerischer Kreativität eröffnete er einen Coffee shop, der sich auf ein einziges Produkt spezialisierte: auf Kaffee, ausgerechnet. Mit anderen Worten, er begrenzte seinen Fokus und konzentrierte seine gesamte Kapazität auf ein Kerngeschäftsfeld.

Heute ist Schultzens Kopfgeburt, Starbucks, eine rapide wachsende Kette, die im Jahr ein Geschäftsvolumen von mehreren hundert Millionen Dollar erzielt. Sein Unternehmen, die Starbucks Corp., wird an der Börse mit mehr als einer Milliarde Dollar gehandelt. Und der Aktienanteil des Firmengründers beläuft sich auf 65 Millionen Dollar.

Jedes kleine Nest in Amerika hat einen *Delicatessen shop.*

In größeren Städten und in den Metropolen des Landes findet man sie an jeder Straßenecke.
Und was gibt es in diesen Miniläden zu essen? Alles, was das Herz begehrt. Suppen, Salate, heiße und kalte Sandwiches, drei verschiedene Roastbeefsorten, vier verschiedene Schinkensorten, fünf verschiedene Käsesorten. Harte und weiche *rolls* (Brötchen), *hero rolls* (Baguette für kräftige Esser, reichlich mit Fleisch, Käse, Salat usw. belegt), drei Pickles-Sorten, vier Brotsorten, fünf *Bagel*sorten (Brötchen in Ringform). Kartoffelchips, Bretzeln, Maismehlchips. Muffins, Doughnuts, Kekse, Kuchen, Schokoriegel, Eiscreme, gefrorener Joghurt. Bier, Sprudel, Wasser, Kaffee, Tee, Softdrinks aller Art. Zeitungen, Zigaretten, Lotterielose. Jedes Deli, das etwas auf sich hält, rühmt sich, daß es »nichts gibt, was es bei uns nicht gibt«.
Was hat sich Fred DeLuca einfallen lassen? Er hat die Bandbreite auf ein Produkt begrenzt, das Submarine Sandwich: ein Baguette für gestandene Esser, bis zum Abwinken mit Fleisch, Käse, Salat usw. belegt.
Es geschehen noch Zeichen und Wunder, wenn man eine Marke auf ihren Kern konzentriert und diesen groß herausbringt, statt ihn durch ständige Erweiterung zu verwässern. Die erste göttliche Eingebung im Fall DeLuca war die Erfindung des Namens.
Fred DeLuca nannte seine Kette Subway, ein ebenso tiefgründiger wie ambitionierter Name für einen Laden, der nichts anderes als Submarine Sandwiches verkauft. Ein Name, den kein Käufer vergißt.
Der zweite Geistesblitz betraf die betrieblichen Prozesse. Wenn man nichts anderes als Submarine Sandwiches macht, dauert es nicht lange, bis man es darin zu wahrer Meisterschaft bringt.
McDonald's hat im Schnitt sechzig oder siebzig verschie-

dene Gerichte auf der »Karte«. Die Hälfte der Belegschaft besteht aus Teenagern, die noch nicht alt oder lebenserfahren genug sind, um die hochkomplexen betrieblichen Prozesse voll in den Griff zu bekommen. Kein Wunder, daß sich die Stammkunden fragen, warum der Service oder das Essen auch nicht mehr das sind, was sie früher einmal waren, als der Hackfleisch-Gigant nur Hamburger, Pommes und Softdrinks kredenzte. (Ursprünglich hatte McDonald's insgesamt elf Gerichte zur Auswahl, einschließlich der verschiedenen Größen und Geschmacksrichtungen.)

Subway ist inzwischen die achtgrößte Fast-food-Kette in den USA, mit mehr als 13 000 Ablegern weltweit. Da sich Subway in Privatbesitz befindet, läßt sich die Ertragskraft nicht genau bestimmen, aber bekannt ist, welche Bezüge Fred DeLuca als Konzernchef für sich selbst abgezweigt hat. (Er wurde in einem Gerichtsverfahren gezwungen, Auskunft darüber zu erteilen.)

1990 kassierte er 27 Millionen Dollar für seine Tätigkeit. 1991 waren es 32 Millionen. 1992 waren es 42 Millionen. 1993 waren es 54 Millionen. Und 1994 waren es 60 Millionen. Eine Menge Knete für ein bißchen Teig mit Belag.

Charles Lazarus besaß ein Warenhaus, Children's Supermart genannt, in dem zwei Dinge verkauft wurden: Kinderzimmereinrichtungen und Spielzeug. Aber er wollte den Kinderschuhen entwachsen.

Wie wächst man normalerweise? Indem man mehr Waren zum Verkauf anbietet. Natürlich hätte er seine Produktpalette durch Fahrräder, Babynahrung, Windeln und Kinderbekleidung abrunden können. Tat er aber nicht.

Lazarus musterte die Möbel aus und konzentrierte sich auf das Spielzeug.

Es geschehen noch Zeichen und Wunder, wenn man eine Marke auf ihren Kern konzentriert statt erweitert. Als erstes füllte er die leere Hälfte des Lagerraums mit mehr Spielwaren, wodurch er den Käufern eine größere Auswahl und mehr Grund bot, den Laden zu betreten. Als nächstes wurde der Name Children's Supermart abgehalftert, und das neue Pferd ging mit dem Namen Toys »Я« Us an den Start.

Heute werden 20 Prozent aller Spielwaren in den USA von Toys »Я« Us verkauft. Die Kette ist ein Modell für die Spezialgeschäfte oder Produktkategoriekiller in der Einzelhandelsszene geworden. Home Depot hat ihr im Heimwerkermarkt nachgeeifert, The Gap in Sachen Freizeitbekleidung. The Limited nimmt die berufstätige Frau ins Visier, Victoria's Secret die Damendessous. PetsMart führt, was ein Haustier so braucht, Blockbuster Video profiliert sich als Videothek. CompUSA ist auf Computer, und Foot Lokker auf Sportschuhe abonniert.

Es geschehen noch Zeichen und Wunder, wenn man eine Marke auf ihren Kern konzentriert statt erweitert. Die meisten Produktkategoriekiller im Einzelhandel haben sich an ein Entwicklungsschema gehalten, das fünf Schritte umfaßt:

① Den Fokus begrenzen. Ein starkes Brandingprogramm beginnt immer damit, daß man eine Produktkategorie auf ihren Kern zurückschraubt, um diesen groß rauszubringen, statt sie grenzenlos auszudehnen und damit zu verwässern.

② Den Lagerbestand vertiefen. Ein typischer Toys-»Я«-Us-Laden führt 10 000 Spielwaren, ein großes Kaufhaus nicht mehr als 3 000.

③ Die Ware preisgünstig einkaufen. Toys »Я« Us verdient sein Geld nicht mit dem Verkauf, sondern mit dem günstigen Einkauf von Spielwaren.

④ Die Ware preisgünstig verkaufen. Wenn man preisgünstig einkauft, kann man auch preisgünstig verkaufen und seine Schäfchen trotzdem mit einer guten Gewinnspanne ins trockene bringen.
⑤ Eine marktbeherrschende Position in der Produktkategorie anstreben. Das ultimative Ziel jedes Brandingprogramms besteht darin, die Nummer eins auf dem Spielfeld zu werden.

Wenn der Sprung an die Spitze geschafft ist, bieten Sie auf Ihrem Siegertreppchen ein Bild außergewöhnlicher Stärke. Microsoft konnte mit diesem Image einen Anteil von 90 Prozent am weltweiten Markt für Desktopcomputer-Betriebssysteme erobern. Intel hat 80 Prozent des Weltmarkts für Mikroprozessoren fest in der Hand. Coca-Colas Marktanteil bei den colahaltigen Getränken beträgt weltweit 70 Prozent. Um sich eine Vormachtstellung in einer Produktkategorie zu verschaffen, müssen Sie den Fokus Ihrer Marke begrenzen.

Was die Frage aufwirft, warum dann so wenige Marktteilnehmer bereit sind, Markenprodukte wieder auf ihren Kern zu konzentrieren. Ganz einfach: weil sie sich an Branchengewinnern orientieren und sich dabei in die Irre führen lassen. Sie nehmen an, daß diese Firmen deshalb so erfolgreich sind, weil sie expandieren. (Starbucks hat im Moment alle Hände voll damit zu tun, mit einer Vielzahl von Bällen zu jonglieren, von Eiscreme über Getränke in Flaschen bis hin zu Tee.)

Aber konzentrieren wir unser Augenmerk einen Augenblick auf Sie. Angenommen, Sie träumen vom großen Geld. Fragen Sie sich: Kann ich reich werden, wenn ich mir ein Beispiel an den Reichen nehme, wenn ich genau das tue, was sie tun?

Reiche Leute kaufen Luxusvillen und essen in sündteuren Restaurants. Sie fahren Rolls-Royce und tragen Rolex-Uhren. Ihren Urlaub verbringen Sie an der Riviera.

Wären Sie in Null Komma nichts reich, wenn Sie sich eine Luxusvilla, einen Rolls und eine Rolex zulegten? Im Gegenteil. Sie wären bald arm wie eine Kirchenmaus und schlimmstenfalls bankrott.

Die meisten Menschen halten am falschen Platz nach todsicheren Erfolgsrezepten Ausschau. Sie versuchen, den gut betuchten und erfolgreichen Unternehmen auf die Schliche zu kommen und sie zu kopieren.

Was tun gut betuchte Unternehmen? Sie kaufen Gulfstream-Jets. Sie leisten sich Empowerment-Programme für das Fußvolk und Führungstrainings für die kleine Firmenelite, setzen auf das Konzept der Neuen Offenheit und Total Quality Management. Und sie erweitern munter ihre Produktpalette.

Wird die Anschaffung eines Gulfstream-Jets für schlappe 38 Millionen Dollar Ihre Firma reich machen? Wohl kaum. Oder die Erweiterung ihrer Marke? Genauso unwahrscheinlich.

Wenn Sie reich werden wollen, müssen Sie genau das tun, was die Reichen getan haben, bevor sie reich waren – Sie müssen herausfinden, welchen Aktivitäten sie ihren Wohlstand verdanken. Wenn Sie Ihre Firma zum Erfolg führen wollen, müssen Sie genau das tun, was erfolgreiche Firmen getan haben, bevor sie erfolgreich waren.

Zufälligerweise haben alle das gleiche getan. Sie haben ihren Fokus begrenzt und diesen Kernbereich ganz groß herausgebracht.

Als Domino's Pizza erstmals seine Pforten öffnete, verkaufte das Unternehmen Pizza und Submarine Sandwiches. Als Little Caesars erstmals seine Pforten öffnete, verkaufte das Unternehmen Pizza, fritierte Shrimps, Fisch und Chips und gegrillte Hähnchen. Als Papa John's erstmals seine Pforten öffnete, verkaufte das Unternehmen Pizza, Käsesteaks, Submarine Sandwiches, fritierte Champignons, fritierte Zucchini, Salate und Zwiebelringe.

Dreimal dürfen Sie raten, wie es Tom Monaghan, Michael und Marian Ilitch und John Schnatter gelungen ist, Domino's Pizza, Little Caesars und Papa John's zu einer großen, starken Marke hochzupäppeln. Durch Erweiterung oder Begrenzung der Angebotspalette?

Es geschehen noch Zeichen und Wunder, wenn man eine Marke auf ihren Kern konzentriert und diesen groß herausbringt, statt ihn durch ständige Erweiterung zu verwässern.

THE BODY SHOP

1976 fädelte Anita Roddick die Body-Shop-Kette ein, die das Konzept der »Naturkosmetik« vertritt: keine industriell veredelten Ingredienzen, keine Tierversuche und eine Herstellung, die sowohl für die Umwelt als auch für die Bevölkerung in den Herkunftsländern der Rohstoffe schonend ist. Praktisch ohne Werbung, aber mit einem hohen Maß an Publizität, ist The Body Shop eine Marke mit weltweit starkem Profil geworden.

Das 3. Gebot im Branding: **Sorgen Sie für eine gute Presse**

Die Geburt einer Marke wird nicht durch Werbung, sondern durch Publicity in die Wege geleitet.

Das Gros der amerikanischen Werbeagenturen, von denen es 5 208 gibt, haben sich dem Gedanken verschrieben, eine Marke durch massive Werbung aus der Taufe zu heben.

»In unserer Branche geht es in erster Linie darum, Brandleader aufzubauen«, sagte der Leiter von D'Arcy Masius Benton & Bowles unlängst. »Das erreicht man durch ein besseres Verständnis des Verbrauchers, was wiederum zu einer besseren, originelleren, wirksameren Kreativarbeit führt, die für das Branding letztendlich unabdingbar ist.«

Brandleader mittels besserer, originellerer Kreativarbeit aufbauen? Das kann es nicht sein. Die meisten Marktteilnehmer verwechseln Markenentwicklung mit Markenpflege. Ein sattes Werbebudget mag Überfliegern wie McDonald's und Coca-Cola die nötige Schubkraft verleihen, um über den Wolken zu bleiben, aber für ein Produkt von Hinz und Kunz, das noch gar nicht in die Gänge gekommen ist, erweist es sich in aller Regel nicht als zündende Starthilfe.

Anita Roddick hat ihre Body-Shop-Kette auch ohne Werbung zu einer erstrangigen Marke aufgebaut. Sie hat das Geld lieber in ihre Reisen rund um den Globus investiert, in dem unermüdlichen Bestreben, die Aufmerksamkeit der breiten Öffentlichkeit auf ihr Umweltschutzanliegen zu lenken. Es war der nicht abreißende Strom der Artikel in Zeitungen und Zeitschriften, plus Radio- und Fernsehinterviews, der den Body Shop im wahrsten Sinne des Wortes zu einem Medienstar machte.

Starbucks bestreitet die Werbung ebenfalls aus der Portokasse. In den letzten zehn Jahren hat das Unternehmen weniger als 10 Millionen Dollar für Werbezwecke lockergemacht, eine läppische Summe für eine Marke mit Jahresumsätzen, die sich der Milliarden-Dollar-Schallgrenze nähern.

Wal-Mart wurde der Welt größter Einzelhändler mit einem Umsatzvolumen von beinahe 100 Milliarden Dollar und einem Minimum an Werbung. Ein Wal-Mart-Sprößling, Sam's Club, bringt es auf 45 Millionen Dollar pro Laden, ebenfalls ohne nennenswerte Werbeaktivitäten.

Miller Brewing gab im Gegensatz dazu 50 Millionen Dollar aus, um ein Bier namens Miller Regular (oder einfach ein Miller) groß herauszubringen. Die Marke ging baden: keine nennenswerte Aufmerksamkeit in den Medien, keine nennenswerte Nachwirkung im Gedächtnis der Biertrinker und kein nennenswerter Umsatz – 50 Millionen Dollar für die Katz.

Hätte eine bessere, originellere Kreativarbeit ein Bier mit dem Namen Miller Regular auf die Sprünge helfen können? Vermutlich nicht. Einem regulären Bier, das nicht mehr ist als ein Miller-Markennamen-Anhängsel, fehlt das Publicitypotential.

Früher mag ein dickes Werbebudget ein Schlüsselfaktor im Brandingprozeß gewesen sein. Aber die Zeiten ändern

sich, und was gestern noch brandaktuell war, kann heute ein alter Hut sein. Wir leben in einer Kommunikationsgesellschaft, die mit Informationen überflutet wird, und man bombardiert uns Tag für Tag mit Hunderten von Werbebotschaften.
Marken werden nicht mehr gemacht, sondern geboren. Ein neues Markenprodukt muß eine gute Presse haben, sonst hat es keine Chance im Markt.
Und wie erzielt man diese positive Publicity? Die beste Methode ist das alte Sprichwort: Wer zuerst kommt, mahlt zuerst. Mit anderen Worten: Sie sollten nach Möglichkeit das erste Produkt einer neuen Produktkategorie haben.

- Band-Aid, das erste Heftpflaster.
- Charles Schwab, der erste Discount Broker.
- CNN, der erste Kabel-Fernsehsender, der ausschließlich Nachrichten bringt.
- Compaq, der erste tragbare Personalcomputer.
- Domino's, die erste Kette, die Pizza ins Haus lieferte.
- ESPN, der erste Sportsender im Kabelfernsehen.
- Gore-Tex, das erste atmungsaktive, wasserdichte Gewebe.
- Heineken, das erste Bier, das in die USA importiert wurde.
- Hertz, die erste Autoverleihfirma.
- Intel, das erste Unternehmen, das Mikroprozessoren herstellte.
- Jell-O, der erste Wackelpudding.
- Kentucky Fried Chicken, die erste Hühner-Schnellimbißkette.
- National Enquirer, die erste im Supermarkt erhältliche Boulevardzeitung.
- Playboy, das erste Männermagazin.

- Q-Tips, die ersten Wattestäbchen.
- Reynolds Wrap, die erste Alufolie.
- Rollerblade, die ersten In-line-Skater.
- Samuel Adams, das erste untergärige Bier.
- Saran Wrap, die erste Klarsichtfolie.
- Sun Microsystem, das erste Unix-Betriebssystem für Workstation (schneller Kleincomputer).
- Tide, das erste Waschmittel.
- Time, das erste wöchentlich erscheinende Nachrichtenmagazin.
- Xerox, der erste Normalpapier-Kopierer.

Alle diese Marken (und viele, viele mehr) waren die ersten in einer neuen Produktkategorie und haben im Verlauf dieses Prozesses eine Menge Publicity eingeheimst.

Beides ist eng miteinander verzahnt. Medien, deren Geschäft die Verbreitung von Nachrichten ist, sind immer daran interessiert, Meldungen über ein neues, erstmals auf dem Markt erhältliches, brandheißes Produkt zu bringen; das bessere läßt sie kalt. Wenn es Ihnen gelingt, mit Ihrem Pionierprodukt Schlagzeilen zu machen, hat es eine gute Chance, die Aufmerksamkeit einer breiten Öffentlichkeit zu erringen. Und die beste Methode, Schlagzeilen zu machen, besteht darin, auf eine ganz neue Produktkategorie aufmerksam zu machen, in der sich Ihr Produkt als Vorreiter profiliert.

Was andere über Ihr Produkt sagen, wiegt wesentlich schwerer als der grüne Klee, über den Sie selbst es loben. Deshalb ist Publicity in aller Regel wirksamer als Werbung. Und deshalb hat die PR als schlagkräftigster Faktor im Branding die Werbung in den beiden letzten Jahrzehnten das Fürchten gelehrt.

Jahrelang wurde die Öffentlichkeitsarbeit als Stiefkind der

Werbung behandelt. Sogar die Elle, an der man den Erfolg der PR-Leute maß, war der Anzeigenraum. Publicityträchtige Geschichten wurden in entsprechende Werbeaufwendungen übersetzt.

Und noch schlimmer: Marketingstrategien wurden normalerweise zuerst als flotte Werbeslogans formuliert. Und erst danach waren die PR-Experten aufgefordert, sie durch PR-Programme zu untermauern, um die Sprüche rüberzubringen.

Das war einmal. Heute werden Marken mit Publicity aufgebaut und mit Werbung gepflegt. Die Verhältnisse haben sich umgekehrt: Der Werbekarren zieht das Arbeitspferd.

Doch warum hat der Aufstieg der PR nicht für Schlagzeilen in den Medien gesorgt? Warum verrichtet die PR-Abteilung in den meisten Unternehmen noch immer Handlangerdienste für die Werbeabteilung? Warum befinden sich acht der zehn erfolgreichsten PR-Firmen im Besitz von Werbeagenturen und nicht umgekehrt?

Warum haben die Medien die medienwirksamste Story im Marketing ignoriert?

Das liegt am Grasphänomen. Niemand hört das Gras wachsen oder widmet einem Trend Aufmerksamkeit, wenn er sich im Schneckentempo entwickelt.

Das beste Beispiel ist das Faxgerät. In den letzten zwei Jahrzehnten hat es sich zu einem unentbehrlichen Element im Kommunikationsportfolio jedes Unternehmens entwickelt, das etwas auf sich hält. Die Amerikaner haben 1998 rund 65 Milliarden Faxseiten verschickt, das sind mehr als 240 pro Person. Und 50 Prozent aller Auslandsgespräche werden inzwischen per Fax geführt.

Trotzdem wies kein einziger Artikel in einer der federführenden Management-Publikationen auf den Aufstieg des

Faxgeräts hin. Wahrscheinlich deshalb, weil er ganz unspektakulär auf der Kriechspur stattfand.
Mit dem Internet lief es genau umgekehrt. Der Aufstieg ging in einem so raketenhaften Tempo vor sich, daß die Flammen der Publicity hoch aufloderten. Trotzdem verschickt der Durchschnittsmanager heute mehr Faxe als E-Mails.
Führungskräfte aus der Werbebranche sind besonders geneigt, die PR kleinzukriegen. »Bei brillanten Werbefeldzügen fällt automatisch genug PR ab«, erklärte unlängst ein besonders brillanter Kopf aus den höheren Gefilden der Werbebranche.
Aber das Branding steht und fällt heute nicht mit der Werbung, sondern mit der Publicity. Das gilt ganz besonders im Hochtechnologiesektor. Alle globalen Marketing-Giganten im High-Tech-Bereich – Microsoft, Intel, Dell, Compaq, Gateway, Oracle, Cisco, SAP und Sun Microsystems – sind nicht durch Werbung groß geworden, sondern wurden zuerst einmal auf den Seiten von auflagenstarken Wirtschaftsmagazinen wie *The Wall Street Journal*, *Business Week*, *Forbes* und *Fortune* geboren. Geburtshilfe hat hier die Publicity geleistet und nicht etwa die Werbung in eigener Sache.
Vor einigen Jahren haben wir mit der Lotus Development Corp. an einer Brandingstrategie für die Sparte Lotus Notes gearbeitet. Der Kern der Strategie bestand darin, Notes als »erstes erfolgreiches Groupware-Produkt« zu positionieren. Die Betonung lag dabei auf »Groupware«, also einer Software, die das Arbeiten von Gruppen mit PCs ermöglicht.
Diese Idee schlug bei den Medien wie eine Bombe ein, die damals seitenweise Berichte über das neue Konzept brachten. Doch wie nicht anders zu erwarten, ließen die

Lotus-Werbestrategen die Groupware-Idee fallen und verlegten sich lieber darauf, hohles Werbestroh zu dreschen.
Was letztlich keine Rolle spielte, weil Public Relations gewichtiger sind als Werbung. Infolge des Publicity-Programms war Notes so erfolgreich und heiß begehrt, daß sich IBM die Ehe mit der Lotus Development Corporation die atemberaubende Summe von 3,5 Milliarden Dollar kosten ließ.
Die meisten Unternehmen basteln ihre Brandingstrategien zusammen, als sei die Werbung in eigener Sache ihr wichtigstes Kommunikationsvehikel. Dann wundern sie sich, wenn sie nicht am Ziel ankommen. Strategien sollten primär auf der Publicityschiene entwickelt werden.

GOODYEAR

Seit Jahren reitet die Goodyear-Werbung auf dem Thema herum: »Die Nummer eins unter den Reifen.« Und wer stellt die besten Reifen her? »Das muß Goodyear sein«, denkt der Verbraucher. »Nicht umsonst sind sie marktführend.«

Das 4. Gebot im Branding:
Rühren Sie die Werbetrommel

Nach der Geburt einer Marke braucht sie die Werbung für ein gedeihliches Wachstum.

Ihr Werbebudget hat Ähnlichkeit mit dem Verteidigungsbudget eines Landes: Für das gute Geld, das reichlich in die Kriegskasse fließt, können Sie sich nichts kaufen; es verhindert nur, daß Ihre Bastionen geschliffen werden, sprich Marktanteile an die Konkurrenz verlorengehen.

Das gesamte Arsenal, all Ihre Panzer, Kampfflugzeuge und Raketen, kann lediglich verhindern, daß Sie von einer feindlichen Macht überrannt werden. Publicity ist ein hochwirksames Instrument, doch früher oder später hat sich das Schlagzeilenpotential eines Produkts erschöpft. Dieser Entwicklungsprozeß läuft meistens in zwei deutlich voneinander abgrenzbaren Phasen ab.

Die erste Phase beinhaltet die Einführung einer brandneuen Produktkategorie, wie den Normalpapier-Kopierer, der 1959 von Xerox auf den Markt gebracht wurde. Das Ereignis erregte großes Aufsehen: Zeitungen und Fachzeitschriften brachten Artikel über den Xerox 914, und in zahlreichen Fernsehsendungen stellten die Konzernlenker der Öffentlichkeit mit stolzgeschwellter Brust ihren jüngsten Sprößling vor. Über das Potential dieser neuen Produktkategorie wurden ganze Bände geschrieben.

In der zweiten Phase steht der Aufstieg des Unternehmens, das ein Pionierprodukt entwickelt hat, im Rampenlicht. Wieder erschienen einige hundert Artikel über das Marketing und die finanziellen Erfolge von Xerox, der sich wie ein Phönix aus der Asche des Fotopapierherstellers Haloid erhoben hatte.

Inzwischen weiß jeder, daß Xerox auf dem Gebiet der Xerographie eine Vorreiterrolle innegehabt hat und mit seinen Kopiergeräten weltweit in Führung liegt. Für die Medien ist das Schnee von gestern, also übernimmt die Werbung das Ruder.

Fast jedes erfolgreiche Produkt durchläuft den gleichen Entwicklungsprozeß. Die Geburt von Marken wie Compaq, Dell, SAP, Oracle, Cisco, Microsoft, Starbucks und Wal-Mart wurde mit großem Getöse von den Medien gefeiert. Ist die Medienwirksamkeit verpufft, wird es nach und nach stiller um die neue Marke, die ihr Standbein irgendwann auf massive Werbeaktivitäten verlagern muß, um ihre Position gegen den Ansturm der Konkurrenz zu verteidigen. In aller Regel kommt erst die Publicity und dann die Werbung.

Falls Sie immer noch glauben, es sei die Werbung gewesen, der Microsoft seine Verwandlung in eine Makromarke verdankt, sollten Sie noch einmal im Text zurückgehen und Kapitel 3 lesen.

Früher oder später bleibt einem Branchenprimus keine andere Wahl, als seine Brandingstrategie von der Publicity- auf die Werbeschiene zu verlagern. Die Werbung hat indessen eine regulierende Funktion: Sie macht es einem Wettbewerber, der seine Marktanteile erhöhen will, schwer, nach einem dicken Stück vom Kuchen zu schielen, weil sie saftige Eintrittspreise verlangt.

Der Angriff auf einen Nachbarstaat, der bis zu den Zähnen bewaffnet ist, erfordert vorab beträchtliche Aufwendungen, um die eigenen Streitkräfte zu mobilisieren und für den Kampf zu rüsten. Der Angriff auf einen Marktführer

wie Coca-Cola, Nike oder McDonald's, der bis zu den Zähnen bewaffnet ist, erfordert vorab beträchtliche Aufwendungen, um die eigenen Marketingkräfte zu mobilisieren und für den Kampf zu rüsten.
Führungskräfte sollten ihr Werbebudget nicht als Investition betrachten, die ihnen eine satte Dividende bescheren wird. Ein Werbebudget ist vielmehr ein Schutzschild, eine Absicherung vor schweren Verlusten, die der Gegner ihnen im Konkurrenzkampf zufügt.
Was sollte ein Brandleader in seiner Werbung hervorheben? Natürlich seine Position als führende Marke. Die Marktführung ist der wichtigste einzelne Motivationsfaktor, der das Käuferverhalten nachhaltig beeinflußt.

- Heinz, das bevorzugte Ketchup in Amerika.
- Heineken, das führende Importbier in Amerika.
- Coca-Cola, the real thing.
- Visa, weltweit die Nummer eins unter den Kreditkarten.
- Barilla, die Nummer eins unter den italienischen Nudeln.
- Goodyear, die Nummer eins unter den Reifen.

Die Liste der Marktführer, die mit ihrer Position an der Spitze Propaganda machen, ist kurz. Die meisten Topstars loben eines ihrer Qualitätsmerkmale aus.
Was passiert, wenn es in Ihrer Werbung heißt: »Wir haben das bessere Produkt!«? Was denkt der Leser, Zuschauer oder Zuhörer insgeheim, wenn Sie behaupten, daß Ihnen niemand das Wasser reichen kann?
»Das sagen alle!«
Machen Sie die Probe aufs Exempel: Nehmen Sie eine x-beliebige Zeitschrift oder Zeitung in die Hand, und blättern Sie die Inserate durch. In fast jeder Anzeige steht geschrieben, daß dieses Produkt das Nonplusultra sei. Das sagen alle.

Und was passiert, wenn es in Ihrer Werbung heißt: »Unser Produkt ist der Marktführer.«? Was denken Käufer und Konsumenten dann?
»Dann muß es zwangsläufig besser sein.«
Wer stellt das beste Ketchup in Amerika her? Sind Sie der Meinung, Hinz oder Kunz? Sie könnten recht haben, aber die meisten glauben, daß Heinz mit Abstand das beste ist. Und warum?
Weil Heinz Marktführer ist und jedes Schulkind weiß, daß in einem Land, das Freiheit, Demokratie und Chancengleichheit auf seine Fahnen geschrieben hat, immer der Bessere siegt.
Soldaten leisten einen Treue- und Gehorsamseid auf Fahne und Vaterland; sie geloben, ihrer Waffenkategorie zum Sieg zu verhelfen.
Unternehmen legen keinen Treue- und Gehorsamseid ab, was ihre Produkte angeht, aber was nicht ist, kann ja noch werden. Denn unser Glaube, daß die bessere Marke siegt, ist unerschütterlich.
Weshalb stellen dann so viele Marktführer in der Werbung ihr Licht unter den Scheffel? (Mit der Behauptung, Sieger zu sein, gehen nur sehr wenige hausieren.)
Ganz einfach: Sie betreiben Verbraucherforschung. Sie fragen bestehende und potentielle Kunden nach dem Grund für ihre Markenpräferenzen. Und die antworten wie aus der Pistole geschossen, daß sie kein Produkt nur deshalb kaufen würden, weil es die Nummer eins sei. Eine solche Unterstellung würden sie sogar entrüstet von sich weisen.
»Ich kaufe nie eine Marke, nur weil sie führend ist.«
Und warum haben Sie sich für die Siegermarke entschieden? Warum trinken Sie Coca-Cola? Oder mieten ein Auto bei Hertz? Oder gehen (heimlich) zu Aldi?

»Weil sie besser sind.«
Eine Katze, die sich in den Schwanz beißt: Jeder weiß, daß letztendlich das bessere Produkt im Markt siegt, und da die meisten das bessere Produkt bevorzugen, kaufen die meisten das führende Produkt. Was wiederum bewirkt, daß diese Marke ihre Führungsposition hält und Kapital aus ihrem Ruf schlägt, sie sei das bessere Produkt.
Werbung ist ein Instrument mit ungeheurem Potential. Es dient nicht dazu, einer Marke, die flügge geworden ist, das Durchstarten zu erleichtern, sondern um sie in den Höhen des Ruhms zu halten, sobald diese erreicht sind. Unternehmen, die ihre etablierten, in die Jahre kommenden Produkte schützen wollen, sollten nicht zögern, der Konkurrenz mit massiven Werbeprogrammen Sand in die Augen zu streuen.
Für die Werbung muß man tief in die Tasche greifen, keine Frage. Dreißig Sekunden Werbezeit während einer Superbowl-Übertragung kosten heute 1,2 Millionen Dollar. (Dafür schaut aber auch ganz Amerika zu, wenn das Football-Endspiel ausgetragen wird.) Und die Kosten, um sich in Fernsehshows zur besten Sendezeit, die höchste Einschaltquoten garantieren, von der Schokoladenseite zu präsentieren, sind ebenfalls Peanuts aus monetärer Sicht.
Also wozu das Geld zum Fenster hinauswerfen?
Die Werbung läßt sich vielleicht nicht in klingende Münze umsetzen, aber wenn Sie Marktführer sind, zahlt die Konkurrenz, und zwar indirekt für das Privileg, sich im Wettbewerb mit Ihnen messen zu dürfen. Ein großer Teil Ihrer Gegner kann es sich nicht leisten, die Klingen mit Ihnen zu kreuzen, und diejenigen, die es könnten, sind vielleicht nicht daran interessiert. Sie geben sich lieber mit den Krumen zufrieden, die von Ihrem großen Stück Kuchen abfallen.

Federal Express hat seinen Erfolg dem Umstand zu verdanken, daß es als erstes Luftfrachtunternehmen seine Angebotspalette eingrenzte und sich auf die Haus-zu-Haus-Lieferung von Dokumenten- und Paketsendungen »spätestens bis zum nächsten Morgen« konzentrierte. Mit diesem Coup gelang es ihm, das Schlagwort »Overnight« für sich zu pachten und im Gedächtnis der Käufer zu verankern. FedEx ist inzwischen zum Synonym für Blitzzustellungen geworden.

Das 5. Gebot im Branding:
Nehmen Sie ein Schlagwort in Besitz

Eine Marke sollte im Gedächtnis der Käufer ein Schlagwort besetzen.

Was fällt Ihnen spontan ein, wenn Sie sich vorstellen, Sie wären Besitzer eines Mercedes? Wenn man einen Blick in den Kopf eines typischen Autokäufers werfen könnte, würde man dort vermutlich das Wörtchen »Prestige« finden, das automatisch mit dieser Marke in Verbindung gebracht wird. Geben Sie's ruhig zu, wenn Ihnen der gleiche Gedanke gekommen ist: Willkommen im Club, denn Sie sind nicht der einzige.

Sie können dieser Marke natürlich auch Attribute wie *teuer*, *deutsches Fabrikat*, *solide konstruiert* und *absolut zuverlässig* zuordnen, aber der wichtigste Differenzierungsaspekt ist und bleibt das Prestige. Ein Lamborghini ist teuer, der Audi ein deutsches Fabrikat, der Honda solide konstruiert und der Toyota nicht minder zuverlässig, aber keine dieser Marken besitzt das Prestige eines Mercedes.

Wenn Sie das Potential einer Marke voll entwickeln wollen, müssen Sie Ihre Brandingaktivitäten darauf konzentrieren, im Gedächtnis des Käufers ein

Schlagwort zu erobern. Ein Wort, das auf Anhieb mit Ihrer Marke assoziiert wird. Ein Wort, das Ihnen niemand nehmen kann.

Was das Prestige für Mercedes ist, ist das Sicherheitskonzept für Volvo.

Bei dem Wort »Sicherheit« kommt den meisten Menschen automatisch der Name Volvo in den Sinn. Folglich zog Volvo in den letzten zehn Jahren auf dem amerikanischen Markt allen anderen europäischen Luxus-Importmodellen davon.

Sobald eine Marke ein Schlagwort annektiert hat, hat die Konkurrenz das Nachsehen, denn es gelingt fast niemandem, ihr diesen Besitz streitig zu machen. Wären Sie in der Lage, ein Auto mit mehr Fahrsicherheit als Volvo zu bauen? Vermutlich. Viele Marken haben diese Behauptung aufgestellt, einschließlich Saab und Daimler-Benz. Könnte eine andere Marke das Schlagwort in den Köpfen der Kunden erobern? Vermutlich nicht.

Was fällt Ihnen spontan ein, wenn Sie sich vorstellen, Sie wären Besitzer eines BMW?

Rennsemmel. Die pure Lust am sportlich-rasanten Fahren. Bei dem Schlagwort »rasantes Fahren« kommt den meisten Menschen automatisch der Name BMW in den Sinn. Folglich landete BMW auf dem amerikanischen Markt für europäische Luxus-Importmodelle auf Platz zwei.

Doch keine dieser Marken (Mercedes, Volvo und BMW) ist ein Musterbeispiel für das fünfte Gebot im Branding, das da lautet: Du sollst dich mit *einem* Schlagwort zufriedengeben. Seit einiger Zeit haben alle drei – offenbar außerstande, ihren Expansionstrieb zu zügeln – damit begonnen, in fremden Revieren zu wildern. Mercedes buhlt um die Gunst der Käufer für eine weniger kostspielige, weniger prestigeträchtige Fahrzeugklasse. Volvo will sich mit Sportwagen ins rechte Licht setzen. Und BMW möchte mit Vehikeln vom Feinsten Furore machen.

Die Liste der Unternehmen, die nichts anbrennen lassen, ließe sich endlos fortsetzen. Sobald eine Marke ein Schlagwort im Kopf der Käufer sicher hat, suchen viele den Reiz des Neuen: Sie brennen darauf, ihre Potenz an einer breiteren Front zu beweisen, neue Märkte zu erobern, sich mit anderen Attributen zu schmücken. Solche Seitensprünge wiegen schwer und gehören zu den häufigsten Sünden im Marketing.

Was ist Kleenex? Was für ein Schlagwort bringen Sie automatisch mit Kleenex in Verbindung?

Auf den ersten Blick scheint Kleenex ein Wischiwaschi-Produkt zu sein: Es ist ein Softie, der immer griffbereit und bekannt ist wie ein bunter Hund, weil in vielerlei Gestalt verfügbar. Es gibt Kleenex für Sportler, für Familien und für psychedelisch Angehauchte. Trotzdem ist Kleenex in den USA mit Abstand das meistbenutzte Papiertaschentuch.

Welches Schlagwort hat Kleenex in den Köpfen der Käufer besetzt? Den Gattungsbegriff. Kleenex ist *das* Papiertaschentuch schlechthin.

Kleenex war das erste Papiertaschentuch auf dem Markt. Bevor Kimberly-Clark Kleenex einführte, gab es keinen Markt für Papiertaschentücher. Doch statt dem Zugpferd noch Toilettenpapier und Papierhandtücher aufzusatteln, warf Kleenex Ballast ab und beschränkte den Fokus auf das ursprüngliche Kernprodukt.

»Trag deine Erkältung nicht in der Tasche mit dir herum« lautete die Marketingparole viele Jahre. Das Stofftaschentuch verschwand buchstäblich in der Versenkung, ersetzt durch Kleenex-Taschentücher in den verschiedensten Variationen.

Warum gelingt es den zahlreichen Konkurrenzmarken in den USA nicht, Kleenex eine lange Nase zu machen? Der Grund liegt auf der Hand: Wenn jemand eine Packung Scott-Papiertaschentücher auf dem Tisch liegen sieht und sagt: »Kannst du mir bitte mal ein Kleenex geben«, gibt es nichts mehr daran zu rütteln, daß sich die Marke in den Köpfen der Verbraucher festgesetzt hat.

Kleenex und Papiertücher sind unzertrennlich, und genauso gehören Jell-O und Wackelpudding, Coca-Cola und colahaltige Softdrinks, Saran Wrap und Klarsichtfolie, Rollerblade und In-line-Skater zusammen, in guten wie in schlechten Zeiten.

Sie wissen, daß Ihr Produkt seine Kategorie im Sturm erobert hat, wenn die Verbraucher die gesamte Gattung Ihrem Markennamen unterordnen.

»Haben wir noch Kleenex?«

»Wo sind die Q-Tips?«

»Ich brauch' Tesa.«

Es ist kein Geheimnis, wie es solchen Marken gelungen ist, sich den Gattungsnamen unter den Nagel zu reißen. Sie waren die ersten am Markt, und wer zuerst kommt, steckt seinen Claim ab, so einfach ist das.

Und genau das ist der Haken an der Sache: Sie können kein Land gewinnen und eine Produktgattung unter Ihrem Namen registrieren lassen, wenn Sie von vornherein die zweite Geige spielen, auch wenn Sie Ihren Part so virtuos beherrschen, daß Sie den Marktführer in den Schatten stellen. Pepsi wird nie zum Gattungsbegriff für colahaltige Getränke werden, selbst wenn es seinen Erzrivalen Coke in puncto Umsatz überrundet (was der Marke mit Hilfe des Supermarkt-Distributionskanals vor einigen Jahren gelang). Originär wird ein Produkt erst, wenn es sich als Pionierprodukt in einer neuen Kategorie etabliert.

Was also tun, wenn Sie nicht der Erste in Ihrer Liga sind? Stellen Sie eine neue auf die Beine, indem Sie Ihren Aktionsradius auf den Punkt und diesen ganz groß herausbringen.

Emery Air Freight war 1946 das erste Luftfrachtunternehmen, das an den Start ging. Doch Emery verhedderte sich in den gleichen Fallstricken wie Chevrolet. Statt sich auf eine einzige Serviceleistung zu konzentrieren und sich damit einen Namen zu machen, entwickelte es sich zum Hansdampf in allen Gassen. Overnight-Zustellung, Billigtarife bei zwei oder drei Tagen Lieferzeit, kleine Päckchen, sperrige Pakete. Was auch immer jemand von A nach B transportieren will, Emery macht's möglich.

Was hat Federal Express gemacht? Anfang der siebziger Jahre war der Transportsektor heiß umkämpft, und das Unternehmen hatte Mühe, sich über Wasser zu halten. Da kam dem Firmenlenker Fred Smith die geniale Idee, den Fokus auf die Overnight-Zustellung zu begrenzen. »When it absolutely, positiveley has to be there overnight!«

Heute ist Federal Express wesentlich größer als

Emery. Emery nennt sich inzwischen Emery Worldwide. Und FedEx wurde zum Oberbegriff für Overnight-Zustellungen.

»FedEx this package to the Coast« ist zum geflügelten Wort geworden.

Und was machte Federal Express dann? Das Unternehmen wurde ein Global Player, was sich als Pech erwies, denn auf dem weltweiten Spielfeld ließ sich das Overnight-Konzept, mit dem es bekannt geworden war, nicht umsetzen. (Wenn es in New York siebzehn Uhr geschlagen hat, ist in Singapur die Nacht bereits vorüber und hellichter Morgen.) Daraufhin versuchte es sein Glück mit den langsameren Lieferungen, die zwei oder drei Tage auf sich warten lassen durften. Und zu guter Letzt beschloß es, die Palette durch Zukauf einer Lkw-Firma zu arrondieren.

Fast jeder Marketingschritt, den Federal Express in den letzten zwölf Jahren unternommen hat, führte ein Stück weiter vom ursprünglichen Overnight-Konzept weg.

Schadet die Expansion der Marke? Und ob. Schadet sie dem Unternehmen? Vielleicht nicht, solange kein Konkurrent so schlau ist, seinen Fokus auf eine Kernaktivität zu begrenzen, sich damit zu profilieren und den gleichen Druck auf Federal Expreß auszuüben, den Federal Express früher auf Emery Air Freight ausgeübt hat.

Ein anschauliches Beispiel ist der Kampf der Nudelgiganten, Prego gegen Ragú. Jahrelang war Ragú in den USA die führende Spaghettisauce mit einem Marktanteil von 50 Prozent. Wie Emery Air Freight

hatte auch Ragú für jeden Geschmack etwas zu bieten.
Und was machte Prego? Die Marke beschränkte sich auf eine einzige Sorte, die »dickflüssige« Spaghettisauce. Mit dieser einen Sauce holte sich Prego 27 Prozent des Marktes. Prego hat das Schlagwort »dickflüssig« im Gedächtnis der Spaghettisaucen-Käufer reklamiert.
Dieses Prinzip – die Marke, die zuerst am Drücker ist, kann zum Oberbegriff für eine ganze Gattung werden – gilt in zahlreichen Produktkategorien, ungeachtet dessen, wie eng oder schwach die Sparte auch sein mag. Ein »Bloomberg« ist ein Computer-Terminal, das in der Finanzwelt als Analyse-Instrument dient und ständig aktualisierte Informationen über Marktentwicklungen und Aktienkurse liefert. Bloomberg LP war das erste Unternehmen, das Finanzmanagern ermöglichte, Finanzdaten auszuloten und zu vergleichen.
Worte sind der Schlüssel zum Branding. Die Realität ist in einer visuellen Welt aus Formen, Farben, Texturen und Dimensionen eingebettet. Sie besitzt gleichwohl keinerlei Bedeutung ohne den Kontext, den der menschliche Verstand herstellt. Der Verstand verleiht der visuellen Welt Bedeutung, indem er allem, was er wahrnimmt, bestimmte Worte zuordnet. Nur wenn ein Mensch ein Objekt als groß oder klein, hübsch oder häßlich, dunkel oder hell empfindet, erhält es von ihm diese Attribute zugeteilt.
Das gleiche gilt für die Produkte oder Dienstleistungen, die Sie verkaufen. Das Erzeugnis selbst mag eine visuelle Realität besitzen, doch eine Bedeutung

im Gedächtnis der Verbraucher erhält es erst durch den Markennamen und seine Assoziationen.
Vergessen Sie also die ganze Litanei der wundersamen Eigenschaften, die Sie bei Ihrem Produkt herunterbeten könnten. Sie werden ohnehin nicht lückenlos behalten und mit Ihrem Produkt in Verbindung gebracht. Um sich einen Platz im Gedächtnis der Käufer zu sichern, müssen Sie bereit sein, Opfer zu bringen. Sie sollten einen einzigen Gedanken oder ein charakteristisches Merkmal aus der Essenz Ihrer Marke herausfiltern und sich darauf versteifen. Ein Merkmal, das noch kein Mitstreiter in Ihrer Produktkategorie für sich entdeckt hat.
Erwachsene haben im Durchschnitt die Bedeutung von vielleicht 50 000 Begriffen in ihrem Gedächtnis gespeichert. Das ist wenig Kapazität, wenn man bedenkt, daß es mehr als eine Million eingetragene Warenzeichen gibt. Und was sagten Sie noch gleich ... für wie viele verschiedene Merkmale soll Ihr Waren- oder Markenzeichen in den Köpfen der Käufer stehen?
Solange die Wissenschaft keine Möglichkeit findet, das Zellgewebe des menschlichen Gehirns durch Siliciumchips (mit ungeheurer Integrationsdichte) zu ersetzen, ist den meisten Marken der Zugriff auf mehr als ein Wort verwehrt. Betrachten Sie sich als Glückspilz, wenn Sie ein Schlagwort wie »Sicherheit«, »sportliches Fahren«, »dickflüssig« oder »Overnight« für sich reklamieren können.
Viele Marktteilnehmer wissen um die begrenzte Aufnahmefähigkeit des menschlichen Gedächtnisses und versuchen trotzdem auf Teufel komm raus, die Bedeutung ihrer Marken ständig zu verästeln. Warum?

Der Wachstumstrieb. Sie fühlen sich in ihrer augenblicklichen Position so eingeengt wie in einer Zwangsjacke. Sie verspüren den unwiderstehlichen Drang, ihre Fesseln zu sprengen, und glauben, ihnen bleibe keine andere Wahl als die Programmerweiterung.
Der Weg zum Wachstum ist aber nicht die Marken-, sondern die Markterweiterung. Mit anderen Worten: Statt den Schwerpunkt vom bewährten Overnight-Konzept auf weniger eilige Zustellungen mit zwei- bis dreitägiger Lieferzeit zu verlagern, baute Federal Express den Markt für Dokumenten- und Paketsendungen per Expreß kräftig aus.
Dank der Konzentration auf diese Kernaktivität konnte Federal Express die Overnight-Zustellungen in den Führungsetagen der Unternehmen hoffähig machen. Die gesalzenen Preise und die augenfällige Verpakkung sprachen für sich; die Leute dachten: »Muß ja eine wichtige Sendung sein, wenn sie mit Federal Express kommt.«
Das Overnight-Geschäft befand sich im Aufwind, genau wie die Finanzen von Federal Express.
Mercedes fuhr eine ähnliche Strategie. Wie war es in den USA um den Markt für Nobelkarossen bestellt, bevor Mercedes kam, sah und siegte? Armselig.
Mercedes entwickelte den Markt für Autos der gehobenen Preisklasse, wobei es seine Trumpfkarte »Prestige« ausspielte. Wenn man mit einem Wort wie »Prestige« das große Los ziehen will, sollte man nicht auf den Putz hauen, sondern kleine, feine Unterschiede geltend machen. Die Vorstellungen, die man mit dem Begriff verbindet, mögen beim Aufbau einer Marke Wirkung zeigen, aber das Wort selbst besitzt kein Er-

folgspotential. Das liegt nicht etwa daran, daß die Leute nicht davon träumen, ihr Image einmal im Leben durch ein Prestigeprodukt aufzupolieren. Sie würden sich nur lieber die Zunge abbeißen als es zugeben.
Wenn Sie mit dem Branding von Produkten oder Dienstleistungen einen Treffer erzielen wollen, denen ein hohes Maß an »Prestige« anhaftet, sollten Sie zwei Spielregeln beachten:

① Bieten Sie Ihr Produkt oder Ihre Dienstleistung teurer als alles an, was die Konkurrenz an Vergleichbarem zu bieten hat.
② Finden Sie ein Codewort für Prestige.

Regel eins ist ein Kinderspiel. Ein Fahrzeug von Mercedes-Benz ist in den USA doppelt so teuer wie ein vergleichbarer Cadillac. (»Der Mercedes muß besser sein als der Cadillac«, denkt der Käufer. »Schließlich kostet er ja das Doppelte.«)
Mercedes fand außerdem einen griffigeren Ersatz für das Wort Prestige. »Engineered like no other car in the world.«
Was »Overnight« für Federal Express bewirkte, gelang Mercedes mit dem Hinweis auf die einmaligen Konstruktionsmerkmale. Das Unternehmen gab den Käufern eine Entschuldigung an die Hand, in einem prestigeträchtigen Auto aufzukreuzen, für das man tief in die Tasche greifen mußte, und erweiterte damit den Markt. Die Schickeria in den Country Clubs stieg von Cadillac auf Mercedes um.
Dann steuerte Mercedes den gleichen Kurs an wie Federal Express: Das Unternehmen verzweigte die

Marke mit preisgünstigen Sportwagenmodellen, Limousinen für den schmaleren Geldbeutel und geländegängigen Fahrzeugen. Der Name Mercedes-Benz, die 1-A-Reputation von Mercedes-Benz und die Firmengeschichte von Mercedes-Benz (hier stand die Wiege des Automobils) sollten eigentlich, so könnte man meinen, eine Garantie dafür sein, daß die Marke im US-Markt für Luxusautos die Nummer eins wird. Aber Fehlanzeige.

Eine kleine Lektion in Geschichte gefällig? Die erfolgreichsten Marken gehören immer den Strategen, die ihren Aktionsradius begrenzt halten und danach das Schlachtfeld erweitern, statt wie andere einen Krieg an mehreren Fronten gleichzeitig zu führen und sich dabei hoffnungslos zu verzetteln.

Wie war es um den Markt für teure Kugelschreiber bestellt, bevor Montblanc kam, sah und siegte? Nicht der Rede wert.

Wie war es um den Markt für teure Wodkasorten bestellt, bevor Stolichnaya und Absolut kamen, sahen und siegten? Nicht vorhanden.

Wie war es um den Markt für sichere Fahrzeuge bestellt, bevor Volvo kam, sah und siegte? Nicht zum besten.

Falls sich Ihr Unternehmen als erstes die Frage stellt »Wie groß ist der Markt?«, haben Sie das Pferd am falschen Ende aufgezäumt und werden Ihr Erfolgsziel nie erreichen.

Fragen Sie nicht, wie groß der Prozentsatz vom bestehenden Markt ist, den Ihr Produkt erobern könnte; fragen Sie sich, wie Sie groß auf einem Markt herauskommen, den Sie erst entwickeln, indem Sie den Fokus Ihrer Marke begrenzen und ein Schlagwort in den Köpfen der Käufer besetzen.

1942 schuf Coca-Cola mit dem Werbespruch »The only thing like Coca-Cola is Coca-Cola itself. It's the real thing« einen Evergreen. 1970 holte das Unternehmen den »Real-thing-Slogan« aus der Mottenkiste und präsentierte ihn rund ein Jahr lang in neuem Gewand.

Das 6. Gebot im Branding:

Sorgen Sie für einen Identitätsnachweis, der als Empfehlung dient

Ein wesentliches Erfolgselement ist die Authentizität einer Marke.

Kunden sind von Haus aus mißtrauisch. Sie neigen dazu, den Behauptungen, die Unternehmen über ihr Produkt anführen, wenig Glauben zu schenken. Ihre Marke hat eine längere Lebensdauer, ist leichter zu warten oder einfacher zu handhaben? Das behaupten alle; meinen Sie, das kauft Ihnen jeder unbesehen ab?

Es gibt eine Produktaussage, die Vorrang vor allen anderen haben sollte. Die Ihrer Marke gestattet, die Konkurrenz souverän auf ihren Platz zu verweisen, wenn Sie zu Recht Anspruch darauf erheben können. Und außerdem allen anderen Aussagen über Ihr Produkt mehr Glaubwürdigkeit verleiht.

Es ist das einzig Wahre, wenn man es zu etwas bringen will: ein Identitätsnachweis, der Ihren Anspruch auf »Authentizität« bestätigt und als Empfehlung dient.

Als Coca-Cola ihn erstmals in seiner Werbung präsentierte, reagierten die Käufer wie aus der Pistole geschossen. »Natürlich ist Coca-Cola die echte. Alle anderen Marken sind Nachahmungen.«

Obwohl der letzte »Real thing«-Werbefeldzug in den USA

vor annähernd dreißig Jahren geführt wurde, wird das Konzept noch heute mit Coca-Cola assoziiert. Es ist ein Identitätsnachweis, ein Beglaubigungsschreiben und eine Empfehlung für die Marke.

Noch heute ist dieser Begriff so eng mit Coca-Cola verknüpft, daß sich die Reporter von Zeitungen und Zeitschriften bemühen, ihn in fast jeden Artikel über das Unternehmen einzuflechten.

Empfehlungen sind wie Bürgschaften, die Sie vorlegen, um für die Spitzenqualität Ihres Produkts zu garantieren. Und wenn Sie die richtigen vorweisen können, werden Ihnen Käufer fast alles glauben, was Sie über Ihr Produkt sagen.

Die Marktführung ist der direkteste Weg, die Glaubwürdigkeit eines Produkts zu untermauern. Coca-Cola, Hertz, Heinz, Visa und Kodak müssen sich um Empfehlungen keine Gedanken machen, weil sie von den Käufern als führende Marken in ihrer Kategorie wahrgenommen werden. Wenn Sie mit Ihrem Produkt unter »ferner liefen« rangieren, rufen Sie am besten eine neue Liga ins Leben, in der Sie Anspruch auf die Vorreiterrolle erheben können.

Genau das war Polaroids Strategie, als das Unternehmen mit der Sofortbildfotografie eine neue Produktkategorie schuf, in der es die Nase vorn hatte. Als es danach versuchte, Kodak von seinem angestammten Platz im Bereich der konventionellen Fotofilme zu verdrängen, scheiterte es kläglich.

Die Ursache für Polaroids Mißerfolg liegt in den Augen vieler Marktteilnehmer in der Beschaffenheit des Produkts: Der »Spagat« zwischen Instantfotografie und herkömmlichem 35-mm-Filmmaterial ist zu groß. Das mag stimmen, aber die eigentliche Dynamik, die dabei zum Tragen kommt, wird bei dieser Schlußfolgerung nicht berücksichtigt.

Polaroid kann, schlicht und ergreifend, keine Empfehlungsschreiben für seine konventionellen 35-mm-Filme vorweisen. Warum sollten Sie mit Polaroid ein Risiko eingehen, wenn Kodak in diesem Metier als Meister gilt? Die Kassette für Ihre Instantkamera kaufen Sie besser von Polaroid; schließlich weiß doch jeder, daß die etwas von Sofortbildfotografie verstehen.

Vor einigen Jahren erschien Patrick Sullivan (heute CEO von Sales Logix) mit einem Software-Produkt namens Act in unserem Büro. »Was kann man damit machen?« wollten wir wissen.

»Act aktualisiert den Terminkalender, die Korrespondenz, die Mailinglisten und die Spesenabrechnungen. Act kann alles, im wahrsten Sinne des Wortes.«

Keine gute Marschroute. Uns hätte ein einziges Schlagwort genügt, um eine neue Produktkategorie zu entwikkeln. Nach zahlreichen Diskussionen verständigten sich alle Beteiligten darauf, das neue Produkt als »Kontakt-Software« zu definieren. Es wurde als Anwendungsprogramm für Außendienstler und alle Mitarbeiter positioniert, die firmenintern und extern Kontaktarbeit leisten.

»Die meistverkaufte Kontakt-Software« wurde zum Identitätsnachweis für die neue Marke. Der Markenname tauchte stets im Doppelpack mit seinem Empfehlungsschreiben auf. In der Werbung, in der PR, in Broschüren, im Briefkopf und in Visitenkarten. Sogar auf der Produktverpackung.

Heute hält Act 70 Prozent des Software-Marktes und ist die führende Marke in ihrer Kategorie.

Ein Identitätsnachweis, der als Empfehlung dient, ist besonders wichtig, wenn es um die Medienpräsenz geht. Reporter und Redakteure torpedieren ein Produkt, wenn sie zu der Schlußfolgerung gelangen, daß es unter falscher

Flagge segelt. Aber sie erkennen Marktführerschaft und andere Aspekte an, mit denen die Echtheit des Produkts beglaubigt wird.

- Ein Reporter, der einen Artikel über Mietautos plant, setzt sich höchstwahrscheinlich als erstes mit Hertz in Verbindung, richtig? Richtig.
- Ein Reporter, der einen Artikel über colahaltige Getränke plant, setzt sich höchstwahrscheinlich als erstes mit Coca-Cola in Verbindung.
- Ein Reporter, der einen Artikel über Computer-Software plant, setzt sich höchstwahrscheinlich als erstes mit Microsoft in Verbindung.

Viele Unternehmen schicken ihre Brandingprogramme mit buchstäblich null Empfehlungen auf den Weg. Wenn Sie Inserate durchblättern oder Werbespots im Fernsehen anschauen, überbieten sich die Unternehmen mit ihrer schier endlosen Parade nichtssagender Produktvorteile. Schmeckt super, spart Geld, macht die Zähne weiß, problemlos zusammenzubauen, größer, kleiner, leichter, schneller, billiger. Obwohl viele dieser Leistungsmerkmale für Käufer von Interesse sind, mangelt es ihnen an Glaubwürdigkeit, und so werden sie im allgemeinen ignoriert. »Das sagen sie alle.«

Wenn diese Leistungsmerkmale jedoch an einen bestimmten Aspekt des Produkts anknüpfen, der als Identitätsnachweis und Empfehlung dient, erhalten sie wesentlich mehr Gewicht.

Wenn Act behauptet, unterwegs für mehr Produktivität und am Schreibtisch für weniger Papierkram zu sorgen, glauben Sie einer solchen Behauptung eher, weil »Act die meistverkaufte Kontakt-Software« ist.

Datastream konnte einen ähnlichen Bonus im Segment der Wartungs- und Instandhaltungssoftware einheimsen. Beinahe auf Anhieb gelang es dem Unternehmen, mit seiner anwenderspezifischen Lösung 50 Prozent des Marktes im Sturm zu erobern. Eines kleinen Marktsegments, wohlgemerkt. Eines sehr, sehr kleinen.

Aber nichtsdestoweniger orientierte sich Datastream an der Zukunft und positionierte sich als »führender Hersteller von Wartungs- und Instandhaltungs-Software«. Das Thema Marktführung wurde in jeder Informationsschrift des Unternehmens erwähnt. Inzwischen ist der Markt überschwemmt und Datastream noch immer obenauf. Es hat im Bereich der Wartungs- und Instandhaltungs-Software Führungsqualität bewiesen.

Firmen, die sich an Theorien von gestern orientieren, winken ab. »Wen interessiert es schon, wer auf einem so kleinen Markt in Führung liegt? Die meisten interessiert nicht einmal die Wartungs- und Instandhaltungs-Software selbst, sonst würden doch mehr Unternehmen solche Produkte kaufen. Vergessen Sie die Führungsposition; das ist ein Aushängeschild, mit dem man keinen Stich gewinnt. Wir müssen uns darauf konzentrieren, den Leuten die Vorteile der Produktkategorie schmackhaft zu machen.«

Die Führungsposition sollte man nie zu erwähnen vergessen. Wie klein der Markt auch sein mag, geben Sie nie der Versuchung nach, Haus und Hof darauf zu verwetten, daß Sie die Vorteile der Produktkategorie auch ohne Empfehlungsschreiben »verkaufen«.

Die Erwähnung der Führungsposition hat außerdem langfristige Vorteile: Wenn man die Spitze erst erreicht hat, ist es nämlich leichter, oben zu bleiben. Anhand einer vielbeachteten Studie aus dem Jahr 1923 wurde festgestellt, daß 20 der damals führenden 25 Marken in ihrer Kategorie auch heute noch die Nase vorn haben. In diesem langen Zeitraum sind nur fünf von der Erfolgsleiter abgerutscht.

Setzen Sie nie voraus, daß die Leute genau wissen, welche Marke die Nummer eins ist. Vor allem dann nicht, wenn Sie sich in einem rapide wachsenden, innovativen Feld wie Kontakt- oder Wartungs- und Instandhaltungs-Software tummeln. Die meisten potentiellen Käufer haben noch keine Erfahrung mit der neuen Kategorie und keinen genauen Überblick über die verfügbaren Produkte, so daß sie verständlicherweise auf Nummer Sicher gehen und zur führenden Marke tendieren.

Mit zunehmender Reife einer Produkt- oder Dienstleistungskategorie nehmen die Lust am Abenteuer und die Bereitschaft der Käufer zu, andere Marken auszuprobieren, die einzigartige Vorteile versprechen. Viele Marktführer müssen Kunden abschreiben, die sich für parkettsicher halten und den Partner wechseln; sie würden sich in jedermanns Hände begeben, nur nicht mehr in diejenigen der führenden Marke.

Schreiben Sie Ihre unsicheren Kantonisten ab. Sie können niemanden zu seinem Glück zwingen.

Es können nicht alle auf dem Siegertreppchen stehen, obwohl jede Produktkategorie eine Fülle von Möglichkeiten bietet, sich mit Lorbeeren zu schmücken. Nehmen wir beispielsweise das Bier. Folgende Kategorien dienen als Empfehlung, mit der Sie Ihre Glaubwürdigkeit untermauern.

- Das führende Bier.
- Das führende Light-Bier.
- Das führende Importbier.
- Das führende untergärige Bier.

- Das führende eisgekühlte Bier.
- Das führende Bier in der oberen Preisklasse.
- Das führende mexikanische Bier.
- Das führende deutsche Bier.
- Das führende kanadische Bier.
- Das führende japanische Bier.

Für fast alle Unternehmen, mit denen wir weltweit zusammengearbeitet haben – und das waren nicht wenige –, haben wir ein Identitätsmerkmal gefunden, das sich in klingende Münze umsetzen ließ. Andernfalls haben wir eines geschaffen, und zwar durch die Entwicklung einer neuen Produktkategorie.

Wie wirkungsvoll Empfehlungen sind, kann man überall beobachten. Haben Sie schon mal ein Restaurant, das Sie noch nicht kannten, fluchtartig verlassen, weil dort gähnende Leere herrschte? Die meisten warten lieber auf einen Tisch in einem rammelvollen Lokal, als mutterseelenallein auf weiter Flur zu speisen. Wenn das Restaurant wirklich gut wäre (denken sie), spräche sich das in Windeseile herum; dann stünden die Leute draußen vor der Tür Schlange.

Diese Mund-zu-Mund-Propaganda hat die Macht, Türen zu öffnen.

ROLEX

Rolex ist die weltweit bekannteste und meistverkaufte Armbanduhr der gehobenen Preisklasse. Hat Qualität etwas mit Erfolg zu tun? Wahrscheinlich nicht. Stellt Rolex Uhren von hoher Qualität her? Wahrscheinlich. Spielt das eine Rolle? Wahrscheinlich nicht.

Das 7. Gebot im Branding:
Setzen Sie nicht auf Qualität allein

Qualität ist wichtig, aber Marken werden nicht auf Qualität allein gebaut.

Was ist Qualität? Fast jeder glaubt, ein qualitativ hochwertiges Produkt auf Anhieb von einem qualitativ minderwertigen unterscheiden zu können, aber in Wirklichkeit liegen die Dinge nicht immer so klar auf der Hand.

- Geht eine Rolex-Armbanduhr genauer als eine Timex? Sind Sie sicher?
- Werden die Bilder mit einer Leica-Kamera schärfer als mit einer Pentax? Sind Sie sicher?
- Ist ein Mercedes weniger anfällig für mechanische Probleme als ein Cadillac? Sind Sie sicher?
- Ist ein Mietwagen von Hertz besser gewartet als einer von Alamo? Sind Sie sicher?
- Schreibt ein Montblanc-Füllfederhalter gestochener als ein Cross? Sind Sie sicher?
- Ist Coca-Cola besser als Pepsi-Cola? Die meisten Leute scheinen der Meinung zu sein, denn Coke führt vor Pepsi, was den Umsatz betrifft. Doch in Geschmackstests hat sich gezeigt, daß die meisten Leute Pepsi den Vorzug geben.

Angeblich sind daran nur die Testverfahren schuld. Da Coke am Markt mehr Abnehmer findet als Pepsi, müssen die Geschmackstests getürkt sein, heißt es.

Qualität ist ein Konzept, das eine riesige Anhängerschaft hat. Der einzige Weg, das Image einer Marke stetig zu verbessern, besteht für sie darin, die Qualität eines Produkts stetig zu verbessern.

Das mag theoretisch stimmen, aber die Praxis sieht oft ganz anders aus. Eine Marke ausschließlich auf dem Fundament stetiger Qualitätsverbesserungen aufzubauen wäre ähnlich, als würden Sie ein Haus auf Treibsand errichten. Sie sollten den Qualitätsaspekt keinesfalls außer acht lassen, aber ein Patentrezept für den Markterfolg ist er nicht.

Jahrelange Beobachtungen legen diese Schlußfolgerung nahe. Es besteht keine nennenswerte Korrelation zwischen Markterfolg und Erfolg in vergleichenden Tests, gleich ob es sich dabei um Geschmackstests, Präzisionstests, Verläßlichkeitstests, Haltbarkeitstests oder Markttests mit unabhängigen, objektiven und neutralen Teilnehmern handelt.

Daß es sich hier um zwei verschiedene Paar Schuhe handelt, wird deutlich, wenn man ein Verbrauchermagazin aufschlägt und die Qualitätsprädikate der einzelnen Marken mit ihren Verkaufszahlen vergleicht. Übereinstimmungen zwischen den Platzhaltern auf der Qualitäts- und auf der Umsatzleiter findet man selten. Fakt ist: Ihren eigenen Erfolg verdanken solche Zeitschriften der Fähigkeit, weniger bekannte Marken zu orten, die ihre bekannteren Entsprechungen in puncto Preis-Leistungs-Verhältnis übertrumpfen.

Der erstplazierte Kleinwagen auf einer unlängst in den USA erschienenen Qualitätsliste schaffte mit Ach und

Krach den zwölften Platz im Umsatzrennen. Die Nummer zwei schnitt nicht viel besser ab: Sie landete mit ihrem Umsatz auf Rang neun. Und die zur drittbesten gekürte Qualitätsmarke bildete beim Umsatz das Schlußlicht. Falls sich Qualität doch in Umsatzvolumen übersetzt, läßt sich der Zugewinn zumindest nicht aus den Zahlen ablesen.

Angenommen, Sie brauchen ein neues Auto, wissen aber noch nicht genau, was für eines; deshalb klappern Sie die Händler ab, um sich zu informieren. Spielt die Qualität bei Ihren Überlegungen eine Rolle? Mit Sicherheit. Die meisten Käufer entscheiden sich für die größtmögliche Qualität, die sie sich finanziell leisten können.

Wo entsteht das Qualitätskonzept? Im Schaufenster der Autosalons? Fehlanzeige.

Das Qualitätskonzept, oder vielmehr die Wahrnehmung oder Vorstellung von Qualität, entsteht im Kopf des Käufers. Wenn Sie eine Marke mit starkem Profil aufbauen wollen, müssen Sie dafür sorgen, daß ihre Qualitätsmerkmale als solche wahrgenommen, im Gedächtnis gespeichert und auf Anhieb erinnert werden.

Diesen Qualitätsbegriff integrieren Sie unauslöschlich im Gedächtnis des Käufers, wenn Sie sich an die Gebote im Branding halten.

Nehmen wir das Gebot, das Programm zu trimmen. Was passiert, wenn Sie den Fokus begrenzen und mit einer Sache groß herauskommen, statt mit vielen herumzukrebsen? Sie verwandeln sich von einem Generalisten in einen Spezialisten. Und von einem Spezialisten nimmt man an, daß er mehr Sachkenntnis besitzt, oder anders ausgedrückt, daß sein Wissen eine »höhere Qualität« hat als das eines Generalisten.

Weiß ein Kardiologe mehr über das Herz und seine Funktionen als ein Allgemeinmediziner, sprich der Hausarzt gleich um die Ecke? Die meisten Leute sind davon überzeugt. Diese Vorstellung hat mit Sicherheit Hand und Fuß. Aus der Marketingperspektive fällt sie jedoch nicht ins Gewicht.

Trotzdem positionieren sich die meisten Unternehmen als Ansprechpartner für alle Fälle. Warum? Sie wollen sich nichts entgehen lassen und den Markt für ihre Produkte und Dienstleistungen um jeden Preis ausweiten. Sie können ihren Expansionstrieb nicht zügeln und verstoßen damit gegen das erste Gebot im Branding.

Ein weiterer wichtiger Aspekt im Branding ist der bessere Name des Produkts. Wenn alle anderen Faktoren gleich sind, kann man davon ausgehen, daß die Marke mit dem griffigeren Namen gewinnt.

Sich als Spezialist zu profilieren und den griffigeren Namen zu präsentieren sind zwei Kunststücke, die Hand in Hand gehen. Wenn Sie als Generalist immer mehr Kaninchen ins Spiel bringen, erlahmt bald Ihre Fähigkeit, einen starken Namen aus dem Hut zu zaubern.

Die Wirtschaftspublikationen sind gespickt mit Illusionen über dieses Thema. »Omnibusmarken« sind nicht stark, sondern stehen auf tönernen Füßen. General Electric, General Motors und General Dynamics mögen weithin bekannt sein, aber als Marken sind sie infolge ihrer überdehnten Bandbreite ziemlich schwach.

Jetzt denken Sie bestimmt: Halt, einige dieser »Omnibusmarken« sind weltweit führend, was Umsatz, Gewinn und Börsenwert betrifft! Sie haben recht. Eine schwache Marke kann durchaus ein Verkaufserfolg sein, aber nur, wenn die anderen Marken noch schwächer sind: Sie wissen doch, bei den Blinden ist der Einäugige König. Ein anschauliches Beispiel ist General Electric. Die meisten Konkurrenten von GE sind ebenfalls »Omnibusmarken«, wie Westinghouse, General Motors und United Technologies. Wer gewinnt, wenn zwei schwache Teilnehmer im Wettbewerb gegeneinander antreten? Diejenige schwache Marke, die noch nicht aus dem allerletzten Loch pfeift.

Als General Electric einen eigenen Mainframe-Computer entwickelte und sich auf einen Kampf mit dem Goliath IBM einließ, setzte GE mehrere Millionen in den Sand. Rund 300 Millionen, genauer gesagt.

Als General Electric versuchte, im Markt für Haushaltsgeräte mitzumischen, stellte sich heraus, daß GE den Spezialisten nicht das Wasser reichen konnte. (Die Produkte wurden anschließend unter die Fittiche von Black & Decker genommen, ebenfalls eine Omnibusmarke, wo es ihnen um keinen Deut besserging.)

Marken mit meilenweiter Ausdehnung, wie General Electric und General Motors, bieten nach außen hin ein Bild der Stärke, doch hinter der Fassade bröckelt es. Sie wirken deshalb so unverwüstlich, weil sie bekannt und seit Jahrzehnten im Geschäft sind. Aber wenn sie sich einbilden, sie müßten ihre Kräfte mit den Spezialisten messen, geben sie ein schwaches Bild ab.

Ein weiterer Faktor bei der Entwicklung des Qualitätsbegriffs, den Sie in den Köpfen der Käufer verankern sollten, ist die Vorstellung, daß Qualität ihren Preis hat. Rolex, Häagen-Dasz, Mercedes-Benz, Rolls-Royce, Montblanc, Dom Pérignon, Chivas Regal, Absolut, Jack Daniel's und Ritz-Carlton sind Marken, die von der Positionierung in der oberen Preisklasse profitieren.

Ein hoher Preis hat für den Käufer einen klaren Vorteil: Er ermöglicht allen Gutbetuchten, psychische Befriedigung aus dem Kauf und Konsum einer Elitemarke abzuleiten.

Wer eine Rolex-Armbanduhr erwirbt, trägt das gute Stück nicht, damit er in Zukunft pünktlicher ist. Wer eine Rolex

kauft, will anderen damit zeigen, daß er es sich leisten kann, eine Rolex zu kaufen.
Warum sind junge Leute bereit, hundert Dollar und mehr für ein paar Replay-, Big-Star- oder Diesel-Jeans zu löhnen? Wären sie bereit, den Preis auch dann zu zahlen, wenn sich das Etikett innen statt außen befände?
Und sagt der Sommelier zu einem Gast, der soeben eine Flasche Wein für achtzig Dollar bestellt hat: »Wir haben übrigens einen Wein für zwanzig Dollar, der genauso gut ist.«?
Unwahrscheinlich. Selbst wenn es in dem Restaurant tatsächlich einen Wein gäbe, der geschmacklich mithalten kann.
In vielen Marketinglehrbüchern wird empfohlen, ein Produkt von hoher Qualität zu einem vergleichbaren Preis anzubieten. Das nennt man Qualitätsstrategie. Genau das meint der Autokonzern Ford, wenn er in seiner Werbung sagt: »Qualität ist unsere wichtigste Aufgabe.« Dahinter steht die Auffassung: Alle anderen Faktoren, einschließlich der Preisstruktur, sind gleich, also können wir nur mit einem qualitativ besseren Auto gewinnen.
Unwahrscheinlich. Qualität ist ein schmückendes Beiwerk, aber kein Stützpfeiler, auf dem das Fundament einer Marke ruht.
Eine bessere Strategie, um nicht in der Flut von Produkten mit ähnlichem Preisgefüge unterzugehen, besteht darin, von Anfang an mit einem höheren Preis anzutreten. Und sich dann zu fragen: Was können wir unserer Marke zusätzlich mit auf den Weg geben, um den höheren Preis zu rechtfertigen?

- Rolex kam auf die Idee, größere, schwerere Uhren mit einem unverwechselbaren Armband herzustellen.

- Callaway kam auf die Idee, Driver in Übergröße für die Golfspieler herzustellen.
- Montblanc kam auf die Idee, dickere Füllfederhalter herzustellen.
- Häagen-Dazs kam auf die Idee, supersahnige Eiscremes mit mehr Butterfett herzustellen.
- Chivas Regal kam auf die Idee, den schottischen Whisky länger reifen zu lassen.

Gegen Qualität ist nichts einzuwenden. Ganz im Gegenteil: Es ist immer eine gute Idee, Produkte mit soviel Qualität auf den Markt zu bringen, wie Ihr Budget erlaubt. (Wenn Sie Glück haben, sparen Sie dafür Servicekosten zu einem späteren Zeitpunkt ein.) Aber verlassen Sie sich bei der Entwicklung Ihrer Marke nicht auf Qualität allein.

Ein gedeihliches Wachstum erzielen Sie nur dann, wenn Sie Ihren Fokus auf eine Sache begrenzen und diese mit einem besseren Namen und einem höheren Preis ganz groß herausbringen.

Eat Zi's ist die erste Marke in einer neuen Kategorie, die den Namen »the meal-market« trägt. Im gemeinsamen Besitz von Brinker International und Phil Romano, konzentriert sich Eat Zi's auf Gourmet-Gerichte, vor allem zum Mitnehmen.

Das 8. Gebot im Branding:

Fördern Sie die Produktkategorie

Eine führende Marke sollte nicht die Marke, sondern die Produktkategorie fördern.

Wenn Sie sich an das zweite Gebot im Branding halten und Ihr Programm trimmen, wird eine Marke stärker. Aber was passiert, wenn Sie den Fokus soweit begrenzen, daß es keinen Markt mehr für Ihr Produkt gibt?
Diese Situation ist geradezu ideal, weil sie das größte Entwicklungspotential birgt. Was Sie geschaffen haben, ist die Chance, eine brandneue Produkt- oder Dienstleistungskategorie einzuführen.

- Wie groß war der Markt für einen teuren Wodka, bevor es Stolichnaya gab? So gut wie nicht vorhanden.
- Wie groß war der Markt für Autos der gehobenen Preisklasse, bevor es Mercedes-Benz gab? So gut wie nicht vorhanden.
- Wie groß war der Markt für Billigautos, bevor es Volkswagen gab? So gut wie nicht vorhanden.
- Wie groß war der Markt für Pizza-Lieferdienste, bevor es Domino's Pizza gab? So gut wie nicht vorhanden.
- Wie groß war der Markt für In-line-Skater, bevor es Rollerblade gab? So gut wie nicht vorhanden.

Hier offenbart sich ein Widerspruch. Branding wird oft als der Prozeß definiert, einen größeren Anteil am bestehenden Markt zu ergattern. Genau darauf zielt ein frischgebackener CEO ab, wenn er verkündet: »Wir brauchen neue Wachstumsimpulse in unserem Geschäftsfeld.«

Doch der wirksamste, produktivste und nützlichste Aspekt im Branding hat nichts mit der Erhöhung des Marktanteils zu tun, den ein Unternehmen besitzt.

Der wirksamste, produktivste und nützlichste Aspekt im Branding besteht darin, eine brandneue Produkt- oder Dienstleistungskategorie zu schaffen. Mit anderen Worten: Sie müssen den Fokus auf Null herunterschrauben und etwas völlig Neues beginnen.

Genau das ist der Weg, um sich als Pionierprodukt und letztendlich führende Marke in einem rapide wachsenden, neuen Marktsegment einen Namen zu machen.

Um eine Marke in einer noch nicht existierenden Produkt- oder Dienstleistungskategorie aufzubauen, gilt es, zwei Dinge gleichzeitig zu beachten:

- Sie sollten bei der Präsentation Ihrer Marke darauf achten, daß sie als federführende, als Vorreiterin, Pionierprodukt oder Original wahrgenommen wird. Sie sollten unbedingt einen dieser Begriffe verwenden, um Ihr Produkt zu beschreiben.
- Sie sollten die Werbetrommel für die neue Produkt- oder Dienstleistungskategorie rühren.

Jetzt denken Sie vielleicht: Wäre es nicht einfacher, sich auf die Verkaufsförderung für die Marke zu konzentrieren und die Kategorie zu vergessen? Einfacher ja, aber bei weitem nicht so effektiv.

Als Apple den unseligen *Newton* auf den Markt brachte,

vergaß der Konzern den Kategorienamen. Der mobile Rechner wurde zuerst als »PDA«, als persönlicher, digitaler Assistent, bezeichnet.
Die kleinen, tragbaren Notebook-Computer, Handys und Digitaluhren könnte man ebenfalls als persönliche, digitale Assistenten betrachten. Der Name PDA trug nicht dazu bei, den Newton von allen anderen persönlichen digitalen Assistenten auf dem Markt zu unterscheiden.
Man sah auf den ersten Blick, daß der Newton Identitätsprobleme hatte, als Apple Riesenanzeigen mit der Schlagzeile: »Was ist das?« schaltete.
Es ist besser, sich diese Frage vor der Produkteinführung zu stellen und nicht erst dann, wenn das Kind bereits in den Brunnen gefallen ist.
Ob der Käufer sich für Marke X oder Y entscheidet, ist letztlich nicht wichtig; wichtig ist für ihn die Frage, ob sie einer neuen Produkt- und Dienstleistungskategorie angehört. Ob er eine Pizza bei Domino's oder sonstwo bestellt, ist letztlich nicht wichtig; wichtig ist für ihn die Frage, ob sie innerhalb einer halben Stunde geliefert wird. Ob sein Schläger von Callaways oder sonstwem stammt, ist letztendlich nicht wichtig; wichtig ist für ihn die Frage, ob er mit einem Driver in Übergröße auf dem Golfplatz durch seine Treibschläge glänzt. Ob sein Tennisschläger das Etikett Prince trägt, ist letztendlich nicht wichtig; wichtig ist für ihn die Frage, ob er mit seinem übergroßen Racket seine Spieltechnik verbessert.
Wenn Sie ein Pionierprodukt herausbringen (wie Dominos mit der Pizzalieferung frei Haus, Prince mit dem überdimensionalen Tennisschläger und Callaway mit dem Driver in Übergröße) und diese brandneue Kategorie mit Nachdruck fördern, schlagen Sie zwei Fliegen mit einer Klappe: Sie entwickeln sowohl eine Marke mit starkem Profil als

auch einen Markt, der rapide wächst. Callaway Golf erzielt einen größeren Umsatz als die drei nachfolgenden Marken zusammen.

Eat Zi's hält sich an das gleiche Konzept in der Gastronomie. Der durchschnittliche Jahresumsatz der bestehenden Niederlassungen beläuft sich auf sage und schreibe 14 Millionen Dollar. (Das umsatzstärkste Restaurant der Welt ist, wie verlautet, das Tavern on the Green im New Yorker Central Park, mit runden 20 Millionen Dollar im Jahr.)

Mit nicht mehr als einer Handvoll Ablegern hat Eat Zi's die ganze Gastronomiebranche aufgemischt. Das Konzept ist genauso einfach wie wirkungsvoll.

1997 haben die Amerikaner 207 Milliarden Dollar für Restaurantessen ausgegeben, ein beachtlicher Markt. 51 Prozent entfielen dabei auf Gerichte zum Mitnehmen oder Hauslieferungen.

Was Little Caesars mit seinen Pizzen gelang, gelingt Eat Zi's mit Gourmet-Mahlzeiten, bei denen man 1-A-Qualität und Eßkultur mitbezahlt. Der Fokus ist auf Gerichte zum Mitnehmen begrenzt.

Genau das ist der beste Weg, um eine Marke aufzubauen. Zuerst wird der Fokus auf eine schmale Scheibe vom Markt konzentriert, gleich ob es um Pizza oder Feinschmeckermahlzeiten zum Mitnehmen geht. Der nächste Schritt besteht darin, der neuen Gattung Ihren Markennamen als Stempel aufzudrücken (der generische Effekt) und gleichzeitig die Kategorie zu erweitern, indem Sie nicht das Produkt, sondern die Vorteile der Produktkategorie hervorheben.

Welche Vorteile hat eine Pizza zum Mitnehmen? Es ist die kostengünstigste Art, Pizza zu verkaufen. Kein Personal zur Bedienung der Gäste. Kein Wagen, um die Bestellungen auszuliefern. Kein Wunder, daß Little Caesars die Pizza billiger

als die Konkurrenz anbieten kann. Dieses Konzept wird im Werbeslogan »Pizza. Pizza.« betont. Es weist darauf hin, daß man hier zwei Pizzen für den Preis von einer erhält.
Eat Zi's muß den Käufern die Vorteile eines Filet Wellington noch mit einem griffigen Konzept schmackhaft machen, aber die Mühe lohnt sich. Rücken Sie also nicht die Marke, sondern die Produktkategorie in den Vordergrund Ihrer Verkaufsförderung. Das »Gourmet-Markt-Segment«, wie Eat Zi's es nennt.
Wer als erster kommt, mahlt zuerst und kann in der Produktkategorie abräumen. Sie sind die einzige Marke, die automatisch mit diesem einmaligen Konzept in Verbindung gebracht wird. Sie haben eine tragfähige Publicityplattform geschaffen. Jetzt müssen Sie Ihr Konzept nur noch mit dem finanziellen Treibstoff versehen, damit es durchstarten und die Marke mitziehen kann.
Was passiert, wenn die Konkurrenz auf der Bildfläche erscheint, was geradezu unvermeidlich ist? Die meisten führenden Unternehmen in einer Produkt- oder Dienstleistungskategorie werden nervös: Sie können nicht warten, bis eine Marke langsam, aber sicher aufgebaut ist. Das erweist sich oft als Fehler. Sie sollten sich nicht aus dem Konzept bringen lassen und weiterhin an der Entwicklung der Kategorie arbeiten, um den Kuchen zu vergrößern, und nicht nur ihr Stück.
Boston Chicken war schon bei der Eröffnung erste Sahne. Das erste Fast-food-Restaurant, das sich auf Grillhähnchen zum Mitnehmen spezialisiert hatte. Doch statt unbeirrt bei seinem Erfolgsrezept zu bleiben, nahm das Unternehmen den Namen Boston Market an, fügte Truthahn, Fleischklopse und gegrillten Schinken in die Speisekarte ein und geriet prompt in die Bredouille.
Führende Unternehmen sitzen auf heißen Kohlen, wenn

ihr Anteil bei wachsendem Markt von 100 Prozent auf 90, dann auf 80 oder gar 70 Prozent schrumpft. Dann wird die Parole ausgegeben: »Wir müssen eine Gegenoffensive starten und uns den Anteil zurückholen, der uns zusteht.«

Der Anteil, der einer führenden Marke zusteht, ist nie größer als 50 Prozent. Es bleibt immer genug Entwicklungsspielraum für die Nummer zwei und eine Anzahl von Mitläufern. Statt Konkurrenzprodukten den Fehdehandschuh hinzuwerfen, sollte ein Marktführer lieber Konkurrenzkategorien ins Visier nehmen.

»Nehmt den Bus, und überlaßt das Fahren uns«, lautete früher der Werbespruch von Greyhound, das in seiner Kategorie führend war.

»Nehmt euer Essen mit nach Hause, und überlaßt das Kochen uns«, könnte Eat Zi's Werbespruch lauten.

Im Gegensatz zur landläufigen Meinung würde mehr Wettbewerb dem Geschäft des Edelgericht-Lieferanten Eat Zi's (und jedes Unternehmens, das mit einem Pionierprodukt auf den Markt kommt) Wachstumsimpulse verleihen. Auch wenn der eigene Marktanteil schrumpft, kann das Erscheinen von Konkurrenzmarken das Interesse der Verbraucher an einer neuen Produktkategorie fördern. (Siehe elftes Gebot: »Begrüßen Sie die Konkurrenz«.)

Einer der größten Fehler, die Polaroid begangen hat, bestand darin, Kodak aus dem Sofortbildmarkt zu verdrängen. Obwohl es vor Gericht gewann und ein paar Millionen Dollar zugesprochen bekam, verlor Polaroid einen Konkurrenten, der imstande gewesen wäre, den Markt merklich zu erweitern. (Die immer wieder aufflammenden Werbescharmützel zwischen Coke und Pepsi kommen beiden Marken zugute. Sie lenken die Aufmerksamkeit der Medien und das Interesse der Käufer auf die Kategorie der colahaltigen Getränke.)

Vor einigen Jahren läuteten Johnson & Johnson, die führende Babyshampoo-Marke, eine Marketingkampagne in großem Stil ein, um die Vorteile seines Produkts auch für Erwachsene zu demonstrieren. »Wer seine Haare jeden Tag wäscht, braucht ein mildes Shampoo. Und welches Shampoo könnte milder sein als ein Babyshampoo?«

Brillant. Es dauerte nicht lange, bis das Babyshampoo von Johnson & Johnson die Nummer eins auf der Liste der Erwachsenenshampoos war. Wären weitere namhafte Babyshampoo-Marken auf den fahrenden Zug aufgesprungen, hätte der Umsatz vielleicht noch mehr an Fahrt gewonnen.

Doch Johnson & Johnson hatten das Pech, daß es damals keine weiteren namhaften Babyshampoo-Marken gab.

Führende Marken sollten nicht für das Produkt, sondern für die Produktkategorie werben.

XEROX

Als eine der mächtigsten Marken der Welt zeigt die Firma Xerox, daß sie viele der wichtigsten Gebote im Branding aus dem Effeff kennt. Sie brachte beispielsweise als erste unter einem kurzen, einprägsamen Namen ein Pionierprodukt auf den Markt (den Normalpapier-Kopierer). Als sie jedoch versuchte, zu diversifizieren und im Computerbereich Kapital aus ihrem zugkräftigen Namen zu schlagen, war das Resultat ein Verlust in Milliardenhöhe.

Das 9. Gebot im Branding:
Machen Sie sich einen Namen

Langfristig ist eine Marke nichts weiter als ein Name.

Die wichtigste Entscheidung im Branding betrifft die Wahl des Namens für Ihr Produkt oder Ihre Dienstleistung. Denn auf lange Sicht ist eine Marke nichts weiter als ein Name.

Es gibt Faktoren, die einer Marke zu kurzfristigem Erfolg verhelfen, und solche, die langfristig für ein gedeihliches Wachstum ausschlaggebend sind. Beides sollte man nicht miteinander verwechseln.

Kurzfristig braucht eine Marke eine zündende Idee oder ein einzigartiges Konzept, um in die Gänge zu kommen und im Markt zu überleben. Sie sollte sich als Pionier auf ihrem Gebiet profilieren. Und sie sollte ein Schlagwort im Gedächtnis der Käufer für sich gepachtet haben.

Langfristig sind Ideen und Konzepte indessen nicht mehr als Schall und Rauch. Was bleibt, ist der Unterschied zwischen Ihrem Markennamen und den Markennamen Ihrer Konkurrenten.

Xerox war das erste Unternehmen, das Normalpapier-Kopierer herstellte. Diese einzigartige Idee sorgte dafür, daß sich Xerox als Pionierprodukt profilierte und im Gedächtnis der Käufer haftenblieb. Inzwischen ist der Reiz des Neuen verflogen, denn es gibt nur noch Normalpapier-Kopierer. Die Marken unterscheiden sich nicht mehr durch ihre Produkte voneinander, sondern durch ihre Produktnamen. Oder vielmehr durch die Wahrnehmungen und Vorstellungen, die mit diesen Namen verbunden sind.

Anfangs lief der Verkauf der Xerox-914-Kopierer wie geschmiert. Das Produkt sprach für sich selbst: Man mußte den potentiellen Käufern lediglich den Unterschied zwischen einer Xerox-Kopie und einer gewöhnlichen Thermofax-Kopie vor Augen führen. Die Xerox-Kopie war sauberer, schärfer und lesbarer. Das Papier schlug keine Wellen, fühlte sich besser an und ließ sich wesentlich leichter entnehmen und sortieren.

Solche Unterschiede kann Xerox heutzutage nicht mehr geltend machen, aber die Marke war trotzdem imstande, ihre Führungsposition zu behaupten. Ein Grund für diese Glanzleistung ist der Name.

Er ist kurz, unverwechselbar und gleichbedeutend mit »Hochtechnologie«. Der größte Aktivposten der Xerox Corporation, immerhin ein 19,5 Milliarden Dollar schweres Unternehmen, ist der Name Xerox.

Trotzdem wird die Bedeutung des Markennamens von den sogenannten Marketingexperten häufig abgewertet. »Was zählt, sind das Produkt selbst und die Vorteile, die es unseren bestehenden und potentiellen Kunden bietet.«

Also zerbrechen sie sich den Kopf, um einen plakativen Gattungsnamen für ihr Produkt zu finden, zum Beispiel Paper Master. »Was bedeutet ein Name wie Xerox überhaupt? Darunter kann sich doch niemand etwas vorstellen. Bei dem Namen Paper Master weiß dagegen jeder auf Anhieb, welche Vorteile ihm unser Kopiergerät bietet.«

Und um das Maß vollzumachen, führen sie die neue Marke auch noch als Produktlinienerweiterung ein. »Xerox? Nie gehört. Ein Phantasiename, mit dem sich irgend jemand wichtig macht. Unsere Firma, die Haloid Company, ist ein Traditionsunternehmen, 1906 gegründet. Wir haben einen riesigen Kundenstamm und einen erstklassigen Ruf. Wir werden zeigen, wer wir sind, und unseren neuen Normalpapier-Kopierer ›Haloid Paper Master‹ nennen.«

»Das wäre mir nicht passiert«, denken Sie jetzt vielleicht. »Ich käme nie auf die Idee, ein neues Produkt wie den 914er-Kopierer mit einem so vielversprechenden Potential einen Klotz wie Haloid Paper Master ans Bein zu binden.«

Rückblickend vielleicht nicht. Mit Blick auf die Zukunft vielleicht doch. Nach unserer Erfahrung zieht die überwiegende Mehrheit der Unternehmen die Kombination aus Gattungsnamen und Produktlinienerweiterung einem brandneuen, einzigartigen Markennamen vor.

Auf der globalen Ebene gehört dieses Thema zu den brisantesten. Die Welt der Unternehmen ist in zwei Lager gespalten: Auf der einen Seite stehen diejenigen, die glauben, der Schlüssel zum Erfolg eines Unternehmens sei die kontinuierliche Entwicklung besserer Produkte und Dienstleistungen, auf der

anderen Seite stehen die Verfechter des Branding. Produkt versus Marke.
Die Produktlobby beherrscht die Marketingszene. »Der Markenname fällt nicht ins Gewicht. Was zählt, ist die Leistungsfähigkeit des Produkts.«
Um diese Gesetzmäßigkeit zu beweisen, sind die Produktlobbyisten sehr schnell bereit, ihr Argument auf den Punkt zu bringen und ad absurdum zu führen: »Wenn das Produkt nichts taugt, bleibt es auf der Strecke, da kann der Markenname noch so zugkräftig sein.«
Ist ein Xerox-Kopierer besser als einer von Canon? Wie schneidet ein Ricoh-Kopierer im Vergleich mit einem Sharp-Kopierer ab?
Haben Sie schon mal ein Kopiergerät gekauft? Welche Marke taugt nichts? Welche Marken in gleich welchem Produktbereich sind keinen Pfifferling wert?
Zugegeben, einige Leute halten nicht viel von bestimmten Marken. Manche sagen sogar: »Jaguar? Würde ich mir nie im Leben kaufen!« Aber das ist eine Meinung und kein ehernes Gesetz, und schon gar keines, das weltweit gilt.
Der Hinweis auf das Taugenichts-Produkt ist eine der bekanntesten Ablenkungsmanöver im Marketing. Er wird ständig vorgeschoben, um die markenlosen Strategien vieler Unternehmen zu rechtfertigen.
»Markenlos« ist in diesem Zusammenhang nicht wörtlich gemeint. Ein Unternehmen kann Marken besitzen, die man rein juristisch als solche bezeichnen könnte, weil ihre Namen als Warenzeichen ein-

getragen sind. Da es seine Strategien jedoch ausschließlich an der stetigen Entwicklung besserer Produkte und Dienstleistungen ausrichtet, fehlt den Marken, die diese Produkte und Dienstleistungen begleiten, die Macht, sich im Gedächtnis der potentiellen Käufer festzusetzen.

Die Produktlobbyisten beherrschen die Wirtschaft in Ostasien. Fast jede asiatische Firma sucht ihr Heil in einer Strategie, die auf Megamarken, Mastermarken oder Produktlinienerweiterungen setzt.

Was ist ein Mitsubishi? Sechzehn der hundert größten japanischen Unternehmen vermarkten ihre Produkte und Dienstleistungen unter dem Namen Mitsubishi. Ein kunterbuntes Sammelsurium: Automobile, Halbleiter, Unterhaltungselektronik, Raumfahrtausrüstung, Transportsysteme usw.

Was ist ein Matsushita? Das gleiche Problem wie Mitsubishi. Acht der hundert größten japanischen Unternehmen vermarkten ihre Produkte und Dienstleistungen unter dem Namen Matsushita. Ein kunterbuntes Sammelsurium: Elektrogeräte, elektronische Produkte und Komponenten, Batterien, Kühlausrüstungen usw.

Was ist ein Mitsui? Das gleiche Problem wie Matsushita. Acht der hundert größten japanischen Unternehmen vermarkten ihre Produkte und Dienstleistungen unter dem Namen Mitsui.

Vergleichen wir Japan mit den USA. Die hundert Topunternehmen in den USA wiesen 1997 Umsätze von 2,8 Billionen Dollar aus. Zufällig wiesen die japanischen Topunternehmen 1997 ebenfalls Umsätze von 2,8 Billionen Dollar aus.

Der Unterschied zwischen den amerikanischen und japanischen Firmenergebnissen ist der Gewinn. Die hundert amerikanischen Unternehmen hatten im Durchschnitt eine Umsatzrendite von 6,3 Prozent. Die hundert japanischen kamen im Schnitt nur auf magere 1,1 Prozent.

1,1 Prozent – das ist der durchschnittliche Reingewinn in Japan. Da viele Unternehmen in unmittelbarer Nähe des Kostendeckungspunkts herumkrebsen, kann man davon ausgehen, daß sie regelmäßig in die roten Zahlen geraten.

Die in Asien verbreitete Sitte, die unterschiedlichsten Produkte unter einem Markennamendach zu vereinen, hat viele Wirtschaftspublizisten zu einem Loblied auf die Architekten der Diversifikation bewogen; ihnen war allerdings entgangen, wie morsch die Finanzstruktur hinter der schmucken Fassade ist.

Korea befindet sich in einer noch schlechteren Verfassung als Japan. 1997 haben die fündundzwanzig größten koreanischen Unternehmen nur 0,8 Prozent Umsatzrendite erzielt.

Ein Beispiel ist Hyundai. Dieser 71 Milliarden Dollar schwere koreanische *chaebol* protzt mit seiner »Chips-to-ships«-Strategie. Hyundai macht Mikroprozessoren, Telekommunikationssatelliten, Pkws, Nutzfahrzeuge, U-Bahnen, Hochgeschwindigkeitszüge, schlüsselfertige Konstruktionslösungen und Bauprojekte, Supertanker und Flüssiggasbehälter, unter anderem. Alles unter dem Namen Hyundai.

Hyundai macht alles, außer »Kohle«.

Dieses Muster sieht man überall in Asien. Eine Produktlinien-Völlerei, bei der das Herz der Marken irgendwann kollabiert. (Wenn man den Umfang des Programms ständig erweitert, schwächt man eine Marke. Wenn man das Programm gezielt trimmt, gewinnt sie an Stärke.)

Marken sollten ein Thema sein, das nicht nur bei Marketingmeetings auf der Tagesordnung steht. Marken sind das Herz des Unternehmens. Die Existenz eines Unternehmens hängt davon ab, ob sie ihren Weg in die Köpfe der Käufer finden und sich dort einen Platz erobern. Das gleiche gilt für die Existenz einer ganzen Nation.

Ostasien hat kein Bankenproblem, kein Finanzproblem, kein monetäres und kein politisches Problem.

Ostasien hat ein Brandingproblem.

Mit einem starken Marketingprogramm schloß Miller High Life rapide zum Marktführer Budweiser auf. (Die Edelmarke kam bis auf 20 Prozent an den König der Biere heran.) Dann schickte Miller eine ganze Schar von Sortimentserweiterungen hinterher und bremste den Siegeszug seines Miller High Life aus.

Das 10. Gebot im Branding: **Vermeiden Sie Wildwuchs**

Der einfachste Weg, eine Marke zu zerstören, besteht darin, das Programm auf Teufel komm raus zu erweitern.

Nicht nur in Asien finden sich Beispiele für den Wildwuchs von Programmen.

Mehr als 90 Prozent aller neuen Produkte, die in den USA in den Lebensmittelhandel kommen (einschließlich der Drogerieerzeugnisse und nicht verschreibungspflichtigen Medikamente), sind Sortimentserweiterungen. Das ist der Hauptgrund dafür, daß die Supermärkte angesichts der Markenschwemme zusammenzubrechen drohen. (Es gibt beispielsweise 1 300 Shampoo-, 200 Getreideprodukt- und 250 Softdrink-Marken.)

Die an Scannerkassen gewonnenen Daten über das Käuferverhalten lassen die Schlußfolgerung zu, daß viele dieser Sortimentserweiterungen in den Regalen Staub ansetzen (zumindest in Supermärkten). Wie eine Studie der Kroger-Supermärkte in Columbus, Ohio, gezeigt hat, wurden von den durchschnittlich 23 000 Artikeln in einer Filiale 6 700 an einem Tag, 13 600 binnen einer Woche und 17 500 während eines Monats verkauft; es blieben also 5 500, die mangels Nachfrage innerhalb eines Monats zu Ladenhütern wurden.

Diese Fülle von Programmerweiterungen ist vermutlich die Ursache für die wachsende Nachfrage der Einzelhändler nach Verkaufsförderung, Platzgebühren und Sonderrechten gemäß dem Prinzip, eine Hand wäscht die andere.

Branchenkenner sind der Überzeugung, daß hier eine schrittweise Machtverschiebung vom Hersteller auf den Einzelhandel stattfindet. Der Hauptgrund ist die Sortimentserweiterung. Da es eine Fülle von Produkten gibt, unter denen sie ihre Wahl treffen können, werden die Hersteller, die ihre Waren ins Regal bringen wollen, zur Kasse gebeten. Ist jemand nicht bereit, sich dieses Privileg etwas kosten zu lassen, findet der Einzelhändler immer einen anderen, der diese Gunst zu schätzen weiß.

In keiner Sparte ist der Wildwuchs im Sortiment so ungehemmt wie in der Bierbranche. Bevor das Miller Lite Mitte der siebziger Jahre auf den Markt kam, gab es drei namhafte Biersorten: Budweiser, Miller High Life und Coors Banquet.

Heute haben sich diese drei Marken auf wundersame Weise vermehrt: Budweiser, Bud Light, Bud Dry, Bud Ice, Miller Regular, Miller High Life, Miller Lite, Miller Genuine Draft, Miller Genuine Draft Light, Miller Regular, Miller Reserve, Miller Reserve Light, Miller Reserve Amber Ale, Coors, Coors Light und Coors Extra Gold.

Konnten diese sechzehn Biersorten mehr Marktanteile erzielen als die drei ursprünglichen? Ja, aber die Zuwächse betragen nur ein paar Prozent, wie man erwarten konnte. Die großen Marken setzen die kleineren unter Druck und teilen die Pfründe unter sich auf, genau wie Coke und Pepsi den Marktanteil von Royal Crown Cola aufgeweicht und annektiert haben.

Hat die Wahl unter sechzehn Biersorten, die Budweiser,

Miller und Coors anbieten, den Bierkonsum drastisch erhöht? Nein. Der Pro-Kopf-Verbrauch ist in den USA während der letzten fünfundzwanzig Jahren nur wenig gestiegen. (Der Cola-Konsum hat sich dagegen im gleichen Zeitraum fast verdoppelt.)

Wie wollen Sie Ihre Kunden mit mehr Marken ködern, wenn diese Ihrem Produkt ohnehin nicht viel abgewinnen können? Der gesunde Menschenverstand sagt, daß es besser wäre, den Stall radikal »auszumisten«.

Aber das ist Kundenlogik. Die Herstellerlogik steht auf einem ganz anderen Blatt. Sobald die Absatzentwicklung ins Stocken gerät, gelangt der Hersteller zu der Schlußfolgerung, daß mehr Marken erforderlich sind, um mehr Kunden anzusprechen und das Volumen auf diesem Weg zu halten oder zu erhöhen. Sobald der Absatz in einer Produktkategorie anzieht, entstehen Chancen für neue Marken, aber die Logik sagt dem Hersteller, Diversifikation sei überflüssig. »Danke, kein Bedarf, uns geht's doch blendend!«

Infolgedessen überfluten Sortimentserweiterungen den Markt in Segmenten, die aus allen Nähten platzen, während Dürre in Feldern herrscht, die von nur wenigen Marken bearbeitet werden. Nach letzteren sollte man Ausschau halten, denn dort besteht echter *Bedarf*.

Ein weiterer Grund für die wildwuchernden Programmerweiterungen ist der Herdentrieb, sprich die angeborene Neigung eines Unternehmens, die Konkurrenz nachzuahmen. Als Miller sein Miller-Lite-Bier auf den Markt brachte, dauerte es nicht lange, bis sich Schlitz Light, Coors Light, Bud Light, Busch Light, Michelob Light und Pabst Light ebenfalls ins Getümmel stürzten. Die Light-Liste ließe sich endlos fortsetzen.

Es gibt Niederlagen, an die man sich ungern erinnert und

die man nur schwer vergißt. Nach der Einführung von Miller Lite gaben wir in der Bierindustrie unverzüglich die Parole aus: Bleibt bei euren Leisten, und konzentriert eure Biermarken auf den regulären Markt. Damit habt ihr ein Stein im Brett bei Otto Normalverbraucher, der eine Menge Bier im Sechserpack verkonsumiert. (Sie sehen, daß wir mit unseren Empfehlungen nicht sehr erfolgreich waren!)

Warum hat Miller das Miller Regular eingeführt, eine Sorte, von der die meisten eingefleischten Biertrinker noch nie etwas gehört haben? Weil Anheuser-Busch ein reguläres Budweiser, Coors ein reguläres Coors und Miller kein reguläres Miller im Programm hatte.

Traurig, aber wahr. Diese Denkweise ist typisch für viele Unternehmen. Die Konkurrenz scheint das Ei des Kolumbus entdeckt zu haben. Machen wir es ihr nach.

Daß 90 Prozent aller neuen Marken Produktlinienerweiterungen sind, liegt nicht zuletzt daran, daß die Führungsetage Scheuklappen trägt, wenn sie die Ergebnisse betrachtet. Ihr Augenmerk richtet sich ausschließlich auf den Erfolg der Erweiterung. Daß die Kernmarke dabei ausgehöhlt wird, entgeht ihrer Aufmerksamkeit.

Und dabei ist nicht nur das allmähliche Wegbröckeln der Stützpfeiler zu beklagen, auf denen das Geschäft ruht, sondern auch der Verlust von Chancen, die vertan werden. Die großen Marken mit starkem Profil sollten eigentlich in vollem Saft stehen und Marktanteile von annähernd 50 Prozent haben, wie Coca-Cola, Heinz, Pop-Tarts, Jell-O und Gerber's. Aber mehr als eine Handvoll solcher kraftstrotzenden Marken gibt es nicht. Die meisten großen siechen dahin, weil sie sich mit ihrem Sortiment zu Tode erweitert haben.

- Der Marktanteil von Budweiser-Bier (alle Sorten zusammengenommen) beläuft sich auf weniger als 30 Prozent.
- Der Marktanteil von Marlboro-Zigaretten (eine Marke mit mindestens einem Dutzend verschiedenen Varianten, einschließlich Marlboro Lights, Marlboro Medium und Marlboro Menthol) beläuft sich auf nicht mehr als 30 Prozent.
- Der Marktanteil von IBM-PCs beläuft sich auf ganze 10 Prozent.

Als Coors die Einführung von Coors-Light-Bier plante, fragten wir einen der Topmanager: »Woher soll das Coors-Light-Geschäft kommen?«
»Oh, das werden wir Budweiser und Miller abspenstig machen.«
Als Budweiser die Einführung von Bud Light plante, nahm der Bierbrauer die Märkte von Miller und Coors ins Visier.
Vielleicht geht dieses Konzept über den Horizont eines durchschnittlichen CEO hinaus, aber sollte man nicht meinen, daß ein Coors-Light-Käufer eher aus den Reihen der Coors-Biertrinker kommt? Und der Bud-Light-Käufer ein Budweiser-Stammkunde ist? Und der Miller-Light-Käufer auf Miller-Bier schwört?
Diese Schlußfolgerung wird durch hieb- und stichfeste Zahlen belegt. Seit der Einführung der drei Light-Biersorten sind die Umsätze der drei regulären Marken drastisch zurückgegangen.
(Und was wäre über das Rocky Mountain Spring Water von Coors zu sagen? 1990 geboren. 1992 gestorben. Von niemandem betrauert. Es gab eben nicht viele Biertrinker, die auf Mineralwasser umsteigen wollten.)

Der Markt beginnt sich zu verändern, denken Sie jetzt vielleicht; heute trinken immer mehr Leute »Magerbier«. Das ist richtig. Aber hier handelt es sich in Wirklichkeit um zwei Märkte, und am besten bedient man diese zwei Märkte mit zwei Marken.

Aber es gibt doch gar keine Biersorten, die nicht aus einer Programmerweiterung stammen, denken Sie jetzt vielleicht. Sie haben recht. Und genau hier bietet sich jemandem, der mit den Geboten im Branding vertraut ist, eine Riesenchance.

Bis vor kurzem gab es nämlich doch eine: Amstel Light, das führende importierte Light-Bier. Was hat Heineken USA, der Bierbrauer, der Amstel Light nach Amerika brachte, als nächstes gemacht? Richtig, er hat Amstel Bier (das reguläre) und Amstel 1870 eingeführt.

Wer trinkt Diet Coke und Diet Pepsi? Glauben Sie, daß sich diese Magerversion-Fans früher Bier, Ginger Ale oder Orangensaft einverleibt haben? Wir nicht.

Die Diet-Coke-Käufer stammen aus dem Coca-Cola-Territorium. Der Markt hat einen Boom erlebt, der auf das Interesse der Öffentlichkeit an kalorienarmen Getränken zurückzuführen ist. Aber Coca-Cola hätte besser daran getan, eine zweite Marke einzuführen.

Was es schließlich auch tat. Nach dem Erfolg von Diet Pepsi lancierte Coca-Cola die Marke Tab. Und Tab entwickelte sich prächtig. Am Tag, als Diet Coke eingeführt wurde, war Tab dem Marktführer Diet Pepsi marktanteilsmäßig um rund 32 Prozent voraus.

Welcher Name ist besser: Diet Pepsi oder Tab? Wenn die Sortimentserweiterung die bessere Brandingstrategie ist, stellt sich die Frage, warum Tab fast ein Drittel mehr Marktanteile in die Waagschale werfen konnte als Diet Pepsi.

Wie nicht anders zu erwarten, läutete Coke beinahe die K.-o.-Niederlage für Tab ein, als das Unternehmen den Edelsüßstoff Nutrasweet nur für die Diet Coke, nicht aber für Tab verwendete. Doch eine gute Idee läßt sich nicht so ohne weiteres aus dem Markt drängen. Tab ist zwar angeschlagen, aber immer noch im Ring, trotz fehlender Unterstützung durch verkaufsfördernde Maßnahmen.

Als die Fettphobie auf den Keksmarkt übergriff, beeilte sich fast jede Marke, mit einer Erweiterung des regulären Kekssortiments herauszukommen. Der erste und anfangs führende fettfreie Keks wurde von Fat Free Fig Newtons hergestellt.

Nabisco entschied sich für eine andere Herangehensweise. Statt Produktlinienerweiterung brachte der Konzern eine brandneue Marke namens Snack-Well's auf den Markt. Fat Free Fig Newtons Erfolg war eher mäßig, während Snack Well's auf der Liste der umsatzstärksten Lebensmittelprodukte den achten Platz eroberte, gleich hinter Diet Coke.

Was hat Snack Well's als nächstes getan? Sie kennen die Antwort. Der Gipfelstürmer hat sein Namensschildchen an alle nur erdenklichen Produkte gehängt, die man in der Küche so braucht, mit Ausnahme des Küchenspülsteins. Unsere Prognose: Snack Well's wird in Zukunft mageren Zeiten entgegensehen.

Das Problem liegt klar auf der Hand. Es besteht ein großer Unterschied zwischen dem Aufbau und dem Melken einer Marke. Die meisten Manager können es nicht erwarten, ihre Kuh bis zum letzten Tropfen zu melken. »Was können wir aus der Marke noch herausholen? Laßt uns kräftig in die Verbraucherforschung investieren, damit wir uns darüber Klarheit verschaffen.«

Sterling Drug war als Inserent und Konsument von Verbraucheranalysen ein Schwergewicht. Die gewichtigste Marke des Unternehmens war Bayer-Aspirin, bis Tylenol (Acetaminophen) und Advil (Ibuprofen) dem Aspirin eine schmerzhafte Niederlage bereiteten.

Also setzte Sterling ein 116 Millionen Dollar teures Werbe- und Marketingprogramm in Gang, um auf eine Auswahl von fünf »aspirinfreien« Produkten aufmerksam zu machen. Die Bayer »Select-Linie« schloß Medikamente gegen Kopfweh, allgemeine Beschwerden, nächtliche Beschwerden, Nasennebenhöhlen- und Menstruationsbeschwerden ein, die alle Acetaminophen oder Ibuprofen als Kernsubstanz enthielten.

Die Ergebnisse waren schmerzhaft. Im ersten Jahr verkaufte Bayer Select-Schmerzmittel im Wert von 26 Millionen Dollar in einem 2,5-Milliarden-Dollar-Markt; das entsprach einem Anteil von etwa 1 Prozent. Und es sollte noch schlimmer kommen: Der Umsatz der regulären Bayer-Aspirintabletten brach um annähernd 10 Prozent pro Jahr ein. Warum Bayer-Aspirin kaufen, wenn schon der Hersteller sagt, daß die »Select-Produkte« besser, weil »ohne Aspirin« sind?

Wollte da jemand die Käufer für dumm verkaufen?

Viele Hersteller schaufeln sich das eigene Grab. Was sagen uns Sortimentserweiterungen wie *Light*, *klar*, *gesund* und *fettfrei* zwischen den Zeilen? Daß die regulären Produkte nicht gut für uns sind.

- Heinz-Ketchup Light? Glauben Sie nicht, daß Kunden daraus die Schlußfolgerung ziehen, Ketchup sei der reinste Kalorienbomber? (Heute verkaufen sich »Salsas« besser als Ketchup. Es dürfte so klar wie Kloßbrühe sein, daß es bald eine Pace Light Salsa im Handel geben wird.)

- Hellman's Light Mayonnaise? Gleiche Frage.
- Campbell's Healthy Request? Ist die reguläre Suppe ungesund?
- Crystal Pepsi? Was stimmt nicht mit der Farbe der regulären Pepsi-Cola?

Sollte Evian ein sulfatfreies Mineralwasser einführen? (Werfen Sie einen Blick auf das Etikett: In einem Liter Evian der üblichen Art sind 10 mg Sulfat enthalten. Wahrscheinlich gibt es Leute, die eine sulfatfreie Version vorziehen.)

Schlafende Marken sollte man nicht wecken. Bevor Sie die nächste Sortimentserweiterung ins Auge fassen, fragen Sie sich, was sich die Käufer Ihrer bestehenden Marken denken mögen, wenn Sie Ihr neues Produkt zu Gesicht bekommen.

Falls Sie befürchten, den Markt unter den Füßen zu verlieren, sollten Sie die Stellung halten und eine zweite Marke als Standbein einführen. Andernfalls sollten Sie die Stellung halten und das Standbein Ihrer Marke durch Branding verstärken.

Einer der besten Standorte für eine Marke, die auf Platz zwei rangiert, ist vis-à-vis dem Marktführer, just auf der anderen Straßenseite. Der beste Platz für ein Planet-Hollywood-Restaurant ist ein Standort vis-à-vis seinem größten Konkurrenten, dem Hard Rock Cafe. Beide Marken profitieren von der Nähe.

Das 11. Gebot im Branding: **Begrüßen Sie die Konkurrenz**

Beim Aufbau einer Produkt- oder Dienstleistungskategorie sollte eine Marke andere Wettbewerber willkommen heißen, denn der Schulterschluß macht stark.

Die Habgier ist oft stärker als der gesunde Menschenverstand. Die dominante Marke in einer Kategorie versucht häufig, das Netz ihrer Produkte ständig zu erweitern, um für viele reizvoll zu sein und jeden noch so kleinen Zipfel des Marktes einzufangen.

»Wenn wir Bier und Wein ausschenken würden, könnten wir letztendlich 100 Prozent vom Gastronomie-Markt haben«, pflegte der CEO von McDonald's zu sagen.

Unwahrscheinlich. Die Erfahrung hat gezeigt, was passiert, wenn man gegen das erste Gebot verstößt und den Expansionstrieb nicht zügelt: Wenn man eine Marke ausweitet, wird sie geschwächt. Das beste Beispiel ist McDonald's mit seinem Arch-Deluxe-Sandwich, das auf die Zielgruppe der Erwachsenen zugeschnitten war. Der Marktanteil schrumpfte, und am Ende wurde das Produkt »ausgemustert«.

Was uns zu dem Gebot bringt, das eigene Produkt auf indirekte Weise zu fördern, nämlich durch Kooperation oder

Schulterschluß mit anderen Wettbewerbern. Die führende Marke sollte Alternativen nicht nur gelassen hinnehmen, sondern sogar begrüßen. Das Beste, was Coca-Cola passieren konnte, war Pepsi-Cola. (Es ist eine Ironie des Schicksals, daß die Coca-Cola Company den Konkurrenten Pepsi-Cola vor den Kadi zerrte und bis aufs Messer wegen des »Cola«-Zusatzes im Namen bekämpfte. Zum Glück verlor Coke und schuf damit eine Produktkategorie, in der die Konkurrenzmarken seither wie Pilze aus dem Boden schießen.)

Wahlmöglichkeiten beleben die Nachfrage. Der Wettbewerb zwischen Coke und Pepsi erhöht das Colabewußtsein der Käufer. Der Pro-Kopf-Verbrauch steigt.

Vergessen Sie nicht: Der Käufer hat auch dann eine Wahl, wenn es keine Konkurrenz gibt. Er kann entscheiden, statt colahaltiger Getränke Bier, Wasser, Ginger Ale oder Orangensaft zu trinken. Klappern gehört bekanntlich zum Handwerk, und deshalb erhöht mehr Wettbewerb den Lärmpegel und steigert den Umsatz in der Produktkategorie.

Wettbewerb sorgt darüber hinaus für eine Erweiterung der Kategorie, während er den Marken gestattet, sich weiterhin auf ihre Kernkompetenzen und Zielgruppen zu konzentrieren. Falls es stimmt, daß Coca-Cola überwiegend die ältere und Pepsi-Cola die junge Generation anspricht, können beide Marken getrost bei ihren Leisten (und in ihrer Machtposition) bleiben, während sie gleichzeitig den Markt expandieren.

Kunden reagieren positiv auf Wettbewerb, weil Alternativen in ihren Augen einen wichtigen Vorteil darstellen. Wenn sie keine Wahlmöglichkeiten haben, werden sie mißtrauisch. Vielleicht ist die Produktkategorie doch noch nicht richtig ausgereift? Vielleicht ist der Preis noch zu

hoch? Wer kauft schon ein Produkt, wenn es keine Alternative als Vergleich gibt?
Man findet selten einen großen, wachsenden, dynamischen Markt ohne mehrere große Marken. Nehmen wir die Office Superstores (Supermärkte für Bürozubehör mit mindestens 27 000 Quadratfuß Verkaufsfläche und einer großen Anzahl von Parkplätzen, meistens außerhalb der Ortschaft gelegen). Um diesen Markt liefern sich drei namhafte Marken eine heiße Schlacht: Office Depot, Office Max und Staples.
Der Wettbewerb war so wirksam, daß die Anzahl der unabhängigen Bürozubehörmärkte während der letzten zehn Jahre von 10 000 auf 3 000 zurückgegangen ist.
Statt den Wettbewerb zu begrüßen, fühlen sich viele Firmen bedroht; sie befürchten, daß sich die Marktanteile künftig nur noch auf die Meriten der einzelnen Marken stützen könnten. Die meisten halten nicht viel von einem Spielfeld, das allen Mannschaften die gleichen Chancen bietet. Sie schielen nach einem unverdienten Vorteil, begrüßen ein Umfeld, das ihrer Spieltaktik entgegenkommt. Deshalb bemühen sie sich, die Konkurrenz auszubooten, bevor sie richtig zum Zug kommt.
Im Verlauf des Prozesses, die eigenen Schäfchen ins trokkene zu bringen, verstoßen indessen viele gegen die Gebote im Branding. Durch Expansion, Programmerweiterung und andere Strategien, die eine Marke für mehr Menschen reizvoll machen sollen, wird der Bogen am Ende überspannt und die Marke geschwächt.
Der Marktanteil basiert nicht auf Meriten, sondern auf der Machtposition, die eine Marke im Gedächtnis der Käufer einnimmt. Langfristig ist eine Marke nicht unbedingt das Produkt mit der besseren Qualität, sondern mit dem besseren Namen. (Siehe das neunte Gebot im Branding: »Machen Sie sich einen Namen«.)

Natürlich können Kunden auch zu viele Alternativen haben, so daß sie den Wald vor lauter Bäumen nicht mehr sehen. Je mehr Marken, Geschmacksrichtungen und Sorten, desto größer ist häufig auch die Verwirrung, was die Produktkategorie angeht. Und desto niedriger der Pro-Kopf-Verbrauch.

Zwei große Marken in jeder Produktkategorie zu haben wäre ideal. Beispielsweise Coca-Cola und Pepsi-Cola. Listerine und Scope beim Mundwasser. Kodak und Fuji bei Fotofilmen. Nintendo und Playstation bei Videospielen. Duracell und Energizer bei Batterien für Haushaltsgeräte.

Wenn die Auswahl zu groß ist, leidet der Konsum. Nehmen wir Wein. Allein in Kalifornien gibt es mehr als tausend Weinkellereien und fünftausend Marken. Das Magazin *Wine Spectator* veröffentlicht jedes Jahr in einer Sonderausgabe eine Liste mit rund 24 000 Qualitätsweinen, mit Prädikat. (Wenn Sie jeden Tag eine Flasche trinken würden, hätten Sie nach 65 Jahren alle durchprobiert. Vermutlich wären Sie dann zu alt, um sich daran zu erinnern, welche Ihnen am besten geschmeckt hat.)

Angesichts einer solchen Fülle von Wahlmöglichkeiten könnte man meinen, daß die Amerikaner dem Wein kräftig zusprechen. Aber dem ist nicht so. Der Pro-Kopf-Verbrauch in den USA beträgt nur ein Zehntel des französischen und ein Neuntel des italienischen. In Deutschland wird im Schnitt dreieinhalbmal soviel Wein getrunken wie in Amerika.

Da es so viele kleine Weingüter, so viele unterschiedliche Weinsorten und nur eine kleine Anzahl Weinkenner mit unterschiedlichen Meinungen über den Geschmack gibt, konnte sich in der Weinbranche bisher noch keine einzelne große Marke profilieren. »Beim Wein scheiden sich die

Geister«, behaupten die Branchenkenner. »Da braucht man mehrere Marken, mehrere Jahrgänge und mehrere Sorten.« Hier herrscht offensichtlich das Motto: »Jeder Rebstock eine eigene Marke.«
Daß Kleinvieh auch Mist macht, mag eine Gesetzmäßigkeit im Weinanbau sein, aber nicht im Branding. Eines Tages wird ein Unternehmen kommen und genau das tun, was Absolut mit Wodka und Jack Daniels mit Whiskey getan hat: eine große, starke, weltweit bekannt Weinmarke aufbauen.
Daß man die Konkurrenz begrüßen und einen Schulterschluß in Erwägung ziehen sollte, wird auch in der Einzelhandelsarena deutlich. Wo ein einzelner scheitern würde, können oft mehrere Erfolg haben, wenn sie in friedlicher Koexistenz zusammenleben. Gebrauchtwagenhändler sind das beste Beispiel: Statt ihre Zelte kreuz und quer in der Stadt aufzuschlagen, schließen sie sich häufig entlang einer einzigen Straße zu einer »Automobilreihe« zusammen. Wo ein vereinzelter Händler um sein Überleben kämpfen müßte, kann eine Handvoll gedeihen. Ein Schulterschluß, der stark macht.
In jeder größeren Stadt läßt sich beobachten, wie dieses Gebot in der Praxis funktioniert. Viele Geschäfte neigen dazu, sich einen Standort in unmittelbarer Nachbarschaft von ihresgleichen zu suchen. In New York City findet man beispielsweise die Bekleidungsmeile an der Seventh Avenue, die Finanzmeile an der Wall Street, die Diamantenmeile an der 47th Street, die Werbeagenturen an der Madison Avenue, die Theater am Broadway, die Themenrestaurants an der West 57th Street, die Kunstgalerien in SoHo und die Peep-Shows an der 42nd Street (obwohl Bürgermeister Giuliani versucht, sie in einen anderen, weniger exponierten Teil der Stadt umzusiedeln).

Gleich und gleich gesellt sich gern; das macht auch für Geschäfte Sinn. Erstens zieht eine Gegend, in der sich nicht nur ein Laden befindet, mehr Leute an, weil sie einen richtigen Einkaufsbummel machen können. Zweitens sind die potentiellen Käufer in der Lage, die Angebote miteinander zu vergleichen. Fehlen Vergleichsmöglichkeiten, argwöhnen sie, daß sie über den Tisch gezogen werden sollen. (Die Fluggesellschaften können ein Lied davon singen.) Und drittens können die Firmen einander besser im Auge behalten, wenn die Konkurrenz nur einen Katzensprung entfernt ist. Sie sind ja immer erpicht darauf, sich über die aktuelle Entwicklung in ihrer Branche auf dem laufenden zu halten.

Das Planet-Hollywood-Restaurant entdeckte, daß einer der besten Standorte in einer Stadt vis-à-vis dem Hard Rock Cafe, seinem Erzrivalen, war. Leute, die sich für Themenlokale interessieren, wollen einen Blick in das Hard Rock Cafe werfen und lassen sich leicht dazu verlocken, anschließend im Planet Hollywood auf der gegenüberliegenden Straßenseite einen Happen zu essen. Der beste Standort für ein Burger King ist häufig just gegenüber McDonald's.

Ein anschauliches Beispiel ist Branson, eine Kleinstadt mit 3 706 Einwohnern im US-Bundesstaat Missouri, die sich das Prädikat »Musikshow-Metropole der Welt« verliehen hat. Wo ein einziges Musiktheater nur schwer ein Auskommen gefunden hätte, erleben vierzig ein gedeihliches Wachstum. Ein Schulterschluß, der stark macht.

Ihre Marke sollte einen gesunden Wettbewerb begrüßen. Konkurrenz belebt das Geschäft und erweitert die Kundenbasis in einer Produktkategorie.

Und denken Sie daran: Keine Marke kann sich den gesamten Markt einverleiben (es sei denn, es handelt sich um ein Monopol, das vom Staat abgesegnet wurde).

Wie groß ist der Marktanteil, den der Branchenprimus zu erzielen vermag? Nach unseren Erkenntnissen liegt die Obergrenze bei 50 Prozent.

Der Anteil von Federal Express am US-Markt für Overnight-Zustellungen (von Paketen und Dokumenten) beläuft sich auf 45 Prozent. Der Anteil von Coca-Cola am US-Markt für colahaltige Getränke beläuft sich auf 50 Prozent. Erzielen Sie Marktanteile, die höher sind als 50 Prozent, sollten Sie die Einführung weiterer Marken in Betracht ziehen. (Siehe 15. Gebot: Kurz – »Führen Sie ein Sekundärprodukt ein.«)

BLOCKBUSTER
VIDEO

Blockbuster Video ist ein erstklassiger Markenname für eine Videothek, General Video Rental ein absoluter Fehlgriff. Marken sollten generische Namen meiden wie die Pest. Trotzdem sieht man sie an jeder Straßenecke zuhauf, vor allem im Einzelhandel.

Das 12. Gebot im Branding:
Lassen Sie die Finger von generischen Etiketten

Der Mißerfolg ist in einem generischen Namen geradezu vorprogrammiert.

Die Geschichte führt uns nicht selten auf Abwege. Früher hatten einige der erfolgreichsten Unternehmen generische Namen:

- General Motors, General Electrics, General Mills, General Foods, General Dynamics.
- Standard Oil, Standard Brands, Standard Register Company, Standard Products Company.
- American Airlines, American Motors, American Broadcasting Company, American Telephone & Telegraph, American Express, Aluminium Company of America.
- National Broadcasting Company, National Biscuit Company, National Car Rental.
- International Business Machines, International Paper, International Harvester, International Nickel.

Einige Firmen haben versucht, mehrere dieser schwammigen Namen zu kombinieren, die zeigen, daß sich jemand »überall lieb Kind machen will«. Die American General Life and Accident Insurance Company beispielsweise, die mit ihrem Mammutnamen Lebens- und Unfallversicherungen zu verkaufen hofft. Erstaunlich, daß noch niemand auf die Idee gekommen ist, eine »International General American Standard Products Company« zu gründen, aber was nicht ist, kann ja noch werden.

Früher dachten Unternehmen, bombastische Gattungsnamen seien unabdingbar, um auf sich aufmerksam zu machen. Und der Markenname war fast immer der Firmenname. (Heute könnte bei einer solchen Vorgehensweise die General Global Corporation entstehen.) Seltsamerweise hatte diese Strategie Erfolg. Warum?

Damals war der Markt mit Massengütern überschwemmt, hergestellt von unzähligen kleinen Firmen, die ihren Standort in derselben Kleinstadt oder Region hatten. Die bombastischen Gattungsnamen sorgten dafür, daß die Flut kleiner Wettbewerber an ihren Platz verwiesen wurde.

Viele dieser Firmen mit der Bezeichnung General, Standard, American, National und International sind heute noch im Geschäft (und erfolgreich). Einige gehören inzwischen zu den größten und bekanntesten Marken der Welt.

Fakt ist, daß diese Marken/Firmen *trotz* ihres Namens erfolgreich sind.

Und der Hauptgrund für den unternehmerischen Erfolg ist nach unserer Ansicht nicht der Name, sondern die Strategie.

- National Biscuit Company war das erste Unternehmen in den USA, das Kekse herstellte.
- General Electric war das erste Unternehmen, das eine breite Palette elektrischer und elektronischer Ausrüstungen herstellte.
- International Harvester war der erste international operierende Hersteller von Erntemaschinen.

Dadurch, daß sie als erste im Markt waren, hatten diese Unternehmen von Anfang an einen so großen Vorsprung und eine so starke Präsenz in ihrer Sparte, daß sie sogar die Hürde ihres generischen Namens überwanden.

Einige legten ihre generischen (oder generellen) Namen ab und nahmen einen spezifischen Namen an: Nabisco, Alcoa, NBC, GE, ABC und IBM.

Es gibt in den USA viele Kekshersteller, aber nur eine Firma Nabisco. Es gibt in den USA viele Aluminiumhütten, aber nur einen Alcoa-Konzern. Es gibt in den USA viele TV-Networks, aber nur einen Sender namens NBC.

Natürlich hat sich NBC mit Sicherheit immer als *die* National Broadcasting Company betrachtet und nicht als eine unter vielen, die ihre Programme in sämtliche US-Bundesstaaten ausstrahlen.

Und genau hier liegt der größte Fehler bei der Wahl des Markennamens: Der Prozeß geht in erster Linie visuell und nicht verbal über die Bühne.

Manager lassen auf der Führungsetage oft Logos von möglichen Markennamen kursieren, gedruckt und auf Styropor montiert.

Die Kommunikation über eine Marke findet jedoch überwiegend verbal und nicht visuell statt. Der Durchschnittsbürger informiert sich neunmal häufiger in Rundfunk- und Fernsehsendungen über neue Produkte als in Zeitschriften und Tageszeitungen.

Um dem gedruckten Wort Bedeutung zu verleihen, verarbeitet der menschliche Verstand außerdem akustische Reize. Das gedruckte Wort rangiert im Gedächtnis des Lesers an zweiter Stelle, hinter der auditiven Wahrnehmung. Wie kann ein Leser also zwischen dem Wort »allgemeine« und »Allgemeine« unterscheiden? Nur schwer.

Das Problem mit einem generischen Markennamen ist die Unfähigkeit, sie klar von Konkurrenzprodukten abzugrenzen. Im Bereich der Nahrungsmittel-Zusatzprodukte, die eine ausgewogene Ernährung garantieren, gibt eine Marke namens Nature's Resource im Jahr 5 Millionen Dollar aus, um den Durchbruch in diesem Wachstumsmarkt zu schaffen.

In den Regalen der GNC-Supermärkte findet man auch folgende Produkte:

- Nature's Answer
- Nature's Bounty
- Nature's Herb
- Nature's Secret
- Nature's Way
- Nature's Best
- Nature's Gate
- Nature's Plus
- Nature's Sunshine Products
- Nature's Works

Ob irgendeines dieser generischen Produkte wohl den Weg ins Gedächtnis der Verbraucher findet, dort haftenbleibt und sich zu einer Marke entwickelt, mit der man rechnen muß? Unwahrscheinlich.

Sogar der legendäre Lee Iacocca, Vater des Mustang und ehemals Firmenlenker der Chrysler Corporation (zwei Markennamen mit einem starken Profil), schlug die generische Route ein, als er seine eigene Firma, die EV Global Motors, gründete. EV, das Kürzel für Elektrovehikel, führt derzeit ein Elektrofahrrad zum Preis von 995 Dollar ein. Wir können uns beim besten Willen nicht vorstellen, daß viele Käufer einen Laden betreten und nach einem Fahrrad der Marke »EV Global« fragen.

Wie wär's mit einem richtigen Markennamen, Lee? Wie Schwinn oder Trek oder Cannondale?

Im Hochtechnologiefeld wimmelt es von generischen Namen, die wenig dazu beitragen, eine Markenidentität zu schaffen. Security Software Systems, Power and Data Technology, Server Technology. Vergleichen Sie diese Allerweltsnamen mit Microsoft, Compaq oder Intel, und

Sie erkennen auf Anhieb, welche Macht ein bedeutungsvoller Markenname besitzt.
McAfee Associates, der führende Hersteller eines Virenkillerprogramms, kaufte unlängst Network General für 1,3 Milliarden Dollar. Dreimal dürfen Sie raten, was für einen neuen Namen sich der stolze Vater aussuchte.
Er ließ McAfee fallen, den einzigen »Namen-Namen«, den er besaß, und gab zwei generischen den Vorzug: Network Associates. Er merkte ziemlich bald, daß er ein Namensproblem hatte, und steckte 10 Millionen Dollar in die erste Fernsehkampagne des Unternehmens nebst einer weiteren Million in einen Werbespot, der während der Austragung des Spiels um den Super-Bowl lief.
Dreißig Sekunden vergehen wie im Flug, und der Name »Network Associates« hat mit Sicherheit so wenig Griffigkeit und Eigencharakter, daß er bei den Zuschauern zum einen Ohr hinein und zum anderen wieder hinaus ist. Generische Namen haben die Neigung, spurlos im Äther zu verpuffen. Nur Markennamen werden im Gedächtnis der Käufer registriert.
Just for Men, eine Haarkoloration für Männer, gibt ebenfalls ein Vermögen für den Versuch aus, die Marke sorgfältig zu entwickeln. Nachdem er den Werbespot im Fernsehen angeschaut hat, fragt sich der ergrauende Mann vielleicht: »Wie war noch gleich der Name dieser Haarfarbe eigens für Männer?«
Sie müssen sich nicht unbedingt einen neuen Namen für eine etablierte Marke ausdenken, obwohl das oft eine unschlagbare Strategie bei Produkten und Dienstleistungen ist, die wirklich revolutionär sind und in absehbarer Zeit kaum von Nachahmern kopiert werden. Im Zweifelsfall sind immer Kodak und Xerox die Verdächtigen.
Generell sollten Sie ein reguläres Wort finden, das Sie aus

dem Kontext nehmen und dazu benutzen, das vorrangige Merkmal Ihrer Marke zu beschreiben.

Blockbuster Video ist ein starker Markenname. General Video Rental klingt schwach.

Hollywood ist stolz auf seine »blockbuster«, Filme, die sich als Kassenschlager erweisen. Blockbuster Video hat Anleihe bei dem Begriff genommen, um darauf hinzudeuten, daß es die besten Videofilme verleiht.

Budget ist ein starker Markenname für eine Autoverleifirma. Das Wort läßt die Schlußfolgerung zu, daß man dort einen Wagen für wenig Geld mieten kann. Low-Cost Car Rental klingt schwach.

Service Merchandise ist ein 4-Milliarden-Dollar-Unternehmen mit einer Marke namens General Video. Pech. Das Konzept ist überzeugend, aber bei dem generischen Namen ist das Produkt von vornherein dazu verdammt, ein Schattendasein zu führen.

Die Luxury Car Company wäre im Aus gelandet, wenn Toyota nicht das Wort »Luxus« genommen, einen Buchstaben vertauscht und das Wort »Lexus« für sich entdeckt hätte, ein hervorragender Markenname für ein japanisches Luxusauto.

Irgendein kluger Kopf lieh sich den Namen eines spezifischen Büroartikels aus und machte daraus Staples, einen wirksamen Namen für eine Bürozubehörfirma. Vor allem im Doppelpack: »Kaufen Sie Ihre Stapelware bei Staples.«

Manchmal erhält man einen klangvollen Markennamen, wenn man einen Gattungsnamen halbiert. Das hat oft den weiteren Vorteil, daß der Markenname kurz, prägnant und leicht zu behalten ist. Intelligent Chip Company ist ein Markenname, den man vergessen kann, aber Intel Corp. ist eine Kopfgeburt, die man sich merkt.

Daß Programmerweiterungen im Markt so schlecht abschneiden, liegt nicht zuletzt daran, daß sie im allgemeinen einen Markennamen mit einem Gattungsnamen kombinieren. Dem schwachen generischen Begriff gelingt es nicht, eine eigene Identität zu schaffen, die wichtigste Aufgabe im Brandingprozeß. »Michelob Light« wird im Kopf der Konsumenten als »Michelob light« wahrgenommen, eine verwässerte Version des regulären Biers.

Der menschliche Verstand verarbeitet keine Buchstaben. Er verarbeitet vor allem akustische Reize. Sie können so viele Großbuchstaben verwenden, wie Sie wollen, aber ein generisches Wort ist und bleibt ein generisches Wort, ungeachtet dessen, wie Sie es buchstabieren.

Manchmal hat ein Unternehmen mehr Glück als Verstand. Die Produktlinienerweiterung Vaseline Intensive Care wurde zur Handlotion Nummer eins, weil die Käufer den Begriff »Intensive Care« als Markennamen und nicht als einen beschreibenden, generischen Namen ansahen.

Woher wir das wissen? Weil sie das Produkt »Intensive Care« nennen. »Gib mir doch bitte mal die Intensive Care.«

Die Käufer sagen nicht: »Gib mir doch bitte mal die Vaseline.« Es sei denn, sie wollen Vaseline.

Wenn sich das Unternehmen dagegen an die konventionellen Denkschemata der Sortimentserweiterung gehalten hätte, wäre seine Marke Vaseline vielleicht »Heavy-Duty«, Hautlotion für stark beanspruchte Hände genannt worden. Daß die Leute sagen: »Gib mir doch bitte mal die Heavy Duty«, ist unwahrscheinlich.

Warum hat Chesebrough-Pond's die Marke nicht von vornherein Intensive Care genannt? Eine gute Frage, die zeigt, daß Sie mitgedacht haben. Sie sind offenbar reif für das nächste Gebot.

Braucht die Marke Tide das Stützkorsett des Firmennamens Procter & Gamble? Vermutlich nicht. Würde die Signatur des Unternehmens der Marke schaden? Vermutlich nicht. Die Signatur des Unternehmens zielt vornehmlich auf den Handel und nicht auf Informationen für den Verbraucher ab.

Das 13. Gebot im Branding:
Differenzieren Sie zwischen Marke und Unternehmen

Marken sind Marken.
Unternehmen sind Unternehmen.
Zwischen beiden besteht ein Unterschied.

Nichts sorgt für größere Verwirrung im Brandingprozeß als die angemessene Verwendung des Firmennamens.

- Sollte der Firmenname Vorrang vor dem Markennamen haben?
  Zum Beispiel: Microsoft besitzt mehr Gewicht als Microsoft Word.
- Sollte der Markenname Vorrang vor dem Firmennamen haben?
  Zum Beispiel: Tide besitzt mehr Gewicht als Procter & Gamble.
- Oder sollten beide die gleiche Wertigkeit besitzen?
  Zum Beispiel: Gillette Sensor.

Das Problem, wie man den Firmennamen verwendet, ist einfach und kompliziert zugleich. Einfach deshalb, weil die Regeln völlig klar auf der Hand liegen. Und kompliziert, weil sich die meisten Unternehmen nicht an die

Gebote im Branding halten und am Ende mit einem System dastehen, das sich jeder Logik widersetzt und zu endlosen Debatten über das Thema Markenname versus Firmenname führt.

Markennamen sollten bis auf wenige Ausnahmen Vorrang vor Firmennamen haben. Konsumenten kaufen Marken und nicht Firmen. Wenn ein Firmenname ausschließlich als Markenname benutzt wird (GE, Coca-Cola, IBM, Xerox, Intel), sehen die Kunden diese Namen als Marken an.

Wenn Sie klar und konsequent einen Firmennamen mit einem Markennamen kombinieren, wird der Markenname als der erstrangige und der Firmenname als der zweitrangige wahrgenommen: ein Cadillac von General Motors.

Durch schlichte Beobachtung wird deutlich, wie selten Käufer den Firmennamen benutzen ... sofern ihnen ein konkurrenzfähiger Markenname zur Verfügung steht. »Wie gefällt dir mein neuer Cadillac?«

Niemand käme auf die Idee zu sagen: »Wie gefällt dir mein neues Luxusauto von General Motors?«

Mit dieser Warnung im Sinn ist ein Unternehmen ein Unternehmen, solange es seinen Namen nicht als Markennamen zweckentfremdet. Und eine Marke ist eine Marke. Zwischen beiden besteht ein Unterschied. Ein Unternehmen ist die Organisation, die eine Marke herstellt oder auf den Markt bringt. Es ist nicht die Marke selbst. Microsoft ist nicht das Textverarbeitungsprogramm Word, Procter & Gamble nicht das Waschmittel Tide. Microsoft bietet zahlreiche Produkte an, und Word ist nur eines von vielen. Procter & Gamble bieten ebenfalls viele Produkte an, und Tide ist nur eines von vielen.

Das macht zwar Sinn, ist aber gewöhnlich nicht die beste Brandingstrategie. Wenn keine zwingenden Gründe dage-

gen sprechen, besteht die beste Strategie darin, den Firmennamen als Markennamen zu verwenden.
Die WD-40 Company stellt die Marke WD-40 her. Die Zippo Corporation stellt die Marke Zippo her. Die Coca-Cola Company stellt die Marke Coca-Cola her. Schlicht und einfach und für jedermann verständlich.

① Was ist Coca-Cola?
② Was ist Zippo?
③ Was ist WD-40?

In Amerika kennen die meisten Käufer und potentiellen Kunden die Antworten. Sie lauten:

① Ein colahaltiges Getränk.
② Ein Feuerzeug, das gegen Wind gefeit ist.
③ Ein Gleitspray.

Wenn jemand bei Coca-Cola, Zippo oder WD-40 arbeitet, fallen die Antworten meistens anders aus, nämlich: »Das ist der Name der Firma, die mein Gehalt zahlt. ›Meine‹ Firma.«
Auch Führungskräfte sind Angestellte des Unternehmens. Deshalb ist das Management firmenorientiert. Und Käufer sind markenorientiert.
Spielt es für den Käufer eine Rolle, ob der Lexus-Luxuswagen bei Toyota, Honda oder Nissan vom Band rollt? Vermutlich nicht. Für den Firmenchef von Toyota USA dagegen schon.
Spielt es für den Käufer eine Rolle, ob die Oreo-Kekse aus der Backstube von Nabisco, Kraft oder General Foods stammen? Vermutlich nicht. Für den Marketingmanager der Firma Nabisco, der für die Oreo-Marke verantwortlich zeichnet, dagegen schon.
Die Innensicht unterscheidet sich beträchtlich von der

Außensicht. Führungskräfte sollten sich immer wieder ins Gedächtnis rufen, daß für den Käufer Marken die erste und Unternehmen die zweite Geige spielen.

Es gibt einen Aspekt, der noch tiefer geht. Die Marke ist mehr als der Name, den der Hersteller auf die Verpackung aufbringt. Sie wird zum Produkt selbst. Für die meisten Käufer ist Coca-Cola eine dunkle, süße, rotbraune Flüssigkeit. Der Markenname wird von ihnen benutzt, um diese Flüssigkeit zu beschreiben. Der Inhalt der Flasche ist der wichtigste Aspekt im Brandingprozeß. Coca-Cola drückt der Flüssigkeit selbst den Firmenstempel auf.

Es handelt sich nicht nur um ein colahaltiges Getränk, das von der Coca-Cola Company hergestellt wird. Das colahaltige Getränk *ist* Coca-Cola, *the real thing*, die echte, einzig wahre Cola. Dieser Unterschied zu Konkurrenzprodukten bildet das Herzstück einer wirksamen Brandingstrategie.

Ein Unternehmen, das den Brandingprozeß aus der Warte des Käufers betrachtet, hätte nie ein Produkt namens »New Coke« eingeführt. Wie kann die Coca-Cola Company eine neue, mutmaßlich bessere Coke herstellen, wenn sie doch *the real thing* hat? Heißt das, die echte, einzig wahre Cola war verbesserungsbedürftig? Wie kommt ein Unternehmen in Drei Teufels Namen auf die Idee, mitten im Rennen das Pferd zu wechseln, das an der Spitze läuft? Das wäre genauso, als wollte man aus heiterem Himmel einen neuen Gott einführen.

Rolex ist nicht der Markenname einer teuren, sportlichen Armbanduhr der Rolex Watch Company Ltd. Eine Rolex ist das, was man am Handgelenk trägt.

- Pop-Tarts ist das, was man in den Toaster steckt.
- Band-Aids ist das, was man auf Schnittwunden klebt.
- Tylenol ist das, was man bei Kopfweh einnimmt.

Die meisten Probleme, bei denen der Firmenname gegen den Markennamen im Wettstreit steht, lassen sich lösen, wenn man sich zwei Fragen stellt:

① Wie lautet der Name der Marke?
② Wie lautet der Name dessen, was sich in der Verpackung befindet?

Beide Namen sollten ein und derselbe sein, sonst könnten Sie sich an Ihrer Mogelpackung die Zähne ausbeißen!
Schauen wir uns an, was passiert, wenn Sie sowohl den Firmen- als auch den Markennamen auf der Verpackung verwenden. Werfen wir einen Blick auf Microsoft Excel.
Der Name »Microsoft« wiederholt sich stets. Außer Microsoft stellt niemand dieses Tabellenkalkulationsprogramm her. Da Käufer dazu neigen, die Namen weitmöglichst zu vereinfachen, wurde aus Microsoft Excel ziemlich bald Excel. »Wir sollten uns Excel zulegen.«
Microsoft Word steht auf einem anderen Blatt. »Word« ist ein generisches Wort. Dazu kommt, daß die Konkurrenten von Microsoft »Word« auch in ihren Produktnamen verwendet haben. WordPerfect, WordStar usw. Infolgedessen neigen Käufer dazu, den vollen Namen des Produkts zu benutzen: »Microsoft Word.« Das ist aus der Warte des Unternehmens nicht unbedingt gut. Im allgemeinen gilt, daß der Markenname so kurz und einprägsam wie möglich sein sollte. (Kurze Namen bieten erheblich mehr Chancen, durch Mund-zu-Mund-Propaganda verbreitet zu werden!)
Wenn Käufer das Gefühl haben, sie müßten sowohl Ihren Firmennamen als auch den Markennamen in Kombination verwenden, haben Sie normalerweise ein Brandingproblem. (Meistens deshalb, weil Sie ein generisches Wort als

Markennamen gewählt haben.) Ein Beispiel ist Campell's Chunky-Suppe.

Ist das Produkt eine Chunky-Suppe oder eine Suppe mit reichlich Einlagen? Die Käufer wissen es nicht genau, also fragen sie nach Campbell's Chunky-Suppe. Campbell hätte sich für einen anderen Markennamen entscheiden sollen.

Ein weiteres Beispiel ist Sony Trinitron. Ist »Trinitron« die Typenbezeichnung für eine Kathodenstrahlröhre, oder ist Trinitron der Markenname für ein Fernsehgerät? Käufer wissen es nicht genau, also fragen sie nach einem Sony Trinitron.

Soweit es den Käufer betrifft, haben sich Procter & Gamble für die einfachste Möglichkeit entschieden: Der Markenname wurde mit kühnen Lettern auf die Verpackung gedruckt und die »Procter & Gamble Company« auf eine winzige Zeile unten beschränkt. Auf diese Weise wird der Firmenname bei Marken wie Bold, Cheer, Ivory, Tide usw. unter den Scheffel gestellt.

Natürlich gibt es auch Argumente, die für den goldenen Mittelweg sprechen. Einige Käufer, die über ausreichende Produkterfahrungen, Informationen und ein waches Auge für die kleinen, feinen Unterschiede verfügen, möchten wissen, wer eine bestimmte Marke herstellt. Sie würden jedoch nicht beide Namen im Doppelpack verwenden. Niemand nennt einen Acura einen »Honda Acura«. Oder einen Lincoln einen »Ford Lincoln«.

Außerdem besteht im Handel (sowohl Einzel- als auch Großhandel) häufig Interesse an dem Unternehmen, das sich hinter einer Marke verbirgt. Schließlich stellt sich hier die Frage, bei wem das Waschmittel Tide bestellt werden muß.

Für viele Marken besteht die beste Lösung darin, den Firmennamen kleingedruckt über dem Markennamen anzubringen.

Käufer, die am liebsten nur den Markennamen benutzen, werden dem Firmennamen kaum Beachtung schenken. Der Handel und die Käufer mit entsprechender Produkterfahrung sind trotzdem in der Lage, den Namen des Herstellers, der hinter der Marke steht, herauszufinden.
Die Gefahr der Großmannssucht liegt natürlich innerhalb des Unternehmens. Angesichts dieser Brandingstrategie werden Sie vermutlich innerhalb kürzester Zeit mit Vorschlägen bombardiert, zum Beispiel: »Warum vergrößern wir den Firmennamen nicht? Wir vertun viele Chancen, den Verkauf unserer Ware zu fördern, die Beziehungen zwischen Arbeitgebern und Arbeitnehmern zu verbessern und das Verhältnis zum Handel enger zu gestalten.« (Im nachhinein wäre es vielleicht besser, den Firmennamen ganz aus dem Markennamen herauszulassen.)
Man schaue sich nur an, was mit Gillette passiert ist. Sowohl der Trac II als auch der Atra-Rasierer wurden mit einem kleinen »Gillette« über den Markennamen eingeführt.
Dann kam der Sensor daher, und das Unternehmen beschloß, den Namen »Gilette« genauso groß wie den Markennamen »Sensor« herauszubringen. Keine gute Idee. Der Markenname sollte den Firmennamen dominieren.
Mit dem Mach 3 ist Gillette zu den Grundlagen im Branding zurückgekehrt. Der Name Mach 3 überragt den Rest.
Kein Thema im Branding wurde so ausgiebig erörtert wie die richtige Rolle und Funktion des Firmennamens. Und trotzdem ist es in den meisten Fällen kein Thema.
Die Marke selbst sollte im Brennpunkt Ihrer Aufmerksamkeit stehen. Wenn Sie den Namen Ihres Unternehmens benutzen müssen, dann tun Sie's. Aber so, daß er eindeutig sekundär erscheint.

Holiday Inn

Holiday Inn ist mit Splittermarken wie Holiday Inn Express, Holiday Inn Select, Holiday Inn SunSpree Resorts und Holiday Inn Garden Court eine Megamarke geworden. Diese »Ableger« unterminieren jedoch die Kraft der Kernmarke.

Das 14. Gebot im Branding:
Verzetteln Sie sich nicht mit Splittermarken

Was durch Branding aufgebaut wurde, kann durch Splitting zerstört werden.

Das Management neigt dazu, ein ganz neues Vokabular zu erfinden, um die Brandingmaßnahmen zu rechtfertigen, die es plant.

- Holiday Inn, der führende Hotel-/Motelbetreiber, liebäugelte mit dem gehobenen Hotelsegment.
- Cadillac, der führende amerikanische Hersteller von Luxusautomobilen, liebäugelte mit dem Bau eines Kleinwagens.
- Waterford, der führende irische Kristallhersteller, liebäugelte mit einer preiswerten Produktlinie.
- Topdesignerin Donna Karan liebäugelte mit dem Markt für erschwingliche Freizeitbekleidung.

Typische Programmerweiterungsstrategien hätten Markennamen wie Holiday Inn Deluxe, Cadillac Light, Budget Waterford und Kasual Karan hervorgebracht. Selbst für die unerfahrensten Marketingleute wären solche Brocken schwer verdaulich gewesen.
Was also tun? Eine Splittermarke erfinden. Und so wurden

Holiday Inn Crowne Plaza, Cadillac Cimarron, Marquis by Waterford und DKNY zusammengemischt. Endlich ist der Kuchen gebacken, und er ist sogar eßbar. Wir können unsere bekannte Kernmarke wie eine Fahne vor uns hertragen, wenn wir unsere Splitter- oder Untermarken einführen, um Neuland zu erobern.
Doch was in der Führungsetage wie das Ei des Kolumbus erscheinen mag, macht im Markt häufig keinen Sinn.

- Würde irgend jemand ein Holiday Inn betreten und an der Rezeption fragen: »Haben Sie nicht ein Zimmer in einem teureren Hotel?«
- Würde irgend jemand den Autosalon eines Cadillac-Händlers betreten und fragen: »Haben Sie nicht ein kleineres Modell?« (Größer vielleicht, aber nicht kleiner!)
- Würde irgend jemand ein Kaufhaus wie Bloomingdale's betreten und fragen: »Haben Sie keine billigeren Waterford-Gläser?«
- Würde irgend jemand eine Donna-Karan-Boutique betreten und fragen: »Die Anzüge sind ja ganz schön, aber wo kann ich hier Sweatpants für meine Freundin kaufen? Sie wissen schon, diese Trainingshosen mit der Schnur in der Taille.«

Die Marketingwelt denkt in Konzepten, die in keiner Beziehung zur realen Welt stehen. Die Splittermarken sind ein solches Traumtänzer-Konzept.
Die Verbraucherforschung im Holiday Inn Crowne Plaza hat genau das ergeben, was man erwarten konnte: »Ein nettes Hotel, aber ein bißchen teuer für ein Holiday Inn.« Endlich kam die Botschaft beim Unternehmen an, das sich eilends anschickte, die Nabelschnur zur Mutter zu durch-

trennen. Inzwischen heißen die Hotels Crowne Plaza und damit basta.
Der Autosalon eines Cadillac-Händlers ist mit Sicherheit der letzte Ort, um sich einen Kleinwagen anzusehen. Der Cimarron kam nicht in die Gänge und endete schließlich auf der Halde. Natürlich hat Cadillac seine Pläne noch nicht begraben. Die neueste Kleinwagen-Inkarnation heißt Cadillac Catera.
Marquis by Waterford schlug dagegen ein wie eine Bombe, allerdings zum Teil auf Kosten der teuren Produktlinie. Vielleicht gibt es ja auch ein Gresham-Marketinggesetz (das besagt, daß bei zwei nebeneinander zirkulierenden Geldarten die aufgrund des Materials für wertvoller angesehene Geldart aus dem Zahlungsverkehr verschwindet). Früher oder später steht zu erwarten, daß die Marquis-Linie das reguläre Waterford-Produkt in einen Scherbenhaufen verwandelt.
Donna Karan hat versucht, in zu viele Richtungen gleichzeitig auszuschwärmen. Neben der Grundlinie gibt es DKNY, DKNY für den Mann und DKNY für Kinder. Das Unternehmen bemüht sich auch, auf dem Dessous- und Kosmetiksektor Land zu gewinnen. Die letzten Berichte von der Finanzfront sahen düster aus.
Kunden haben Alternativen im Überfluß. Die Splittermarken-Befürworter sehen das anders. Warum sollte ein Gast erwarten, daß ein Holiday Inn auch Hotels der Spitzenklasse anbieten kann? Würde er nicht eher im Hilton, Hyatt oder Marriott absteigen, wenn Geld keine Rolle spielt? Warum tiefer in die Tasche greifen als nötig, um in einem Holiday Inn zu nächtigen, Komfort hin oder her? Der Gast denkt mit Sicherheit: Wenn ich schon soviel berappe, dann in einem Tophotel, von dem jeder weiß, was es kostet.
Das Splitting ist eine Strategie, bei der man das Innere

nach außen kehrt, um die Kernmarke mit Gewalt auf einen neuen Kurs zu bringen. Sie steht beim Management in hohem Ansehen, weil sie viel verspricht, auch wenn sie nicht viel bringt.

Trotz der Splitting-Rückschläge im Holiday Inn Crowne Plaza fährt das Unternehmen weiterhin auf dieser Schiene und hat die Serie Holiday Inn Express, Holiday Inn Select, Holiday Inn SunSpree Resorts und Holiday Inn Garden Court aufgelegt.

Früher wußten die Gäste genau, was sie in einem Holiday Inn erwartet. Diese Berechenbarkeit diente sogar als Aufhänger in einer langjährigen Werbekampagne der Hotelkette: »Die beste Überraschung ist keine Überraschung.«

Was ist ein Holiday Inn Select? Nur Mut! Buchen Sie dort ein Zimmer, und lassen Sie sich überraschen.

Das Markensplitting ist ins Kreuzfeuer der Kritik geraten, also beginnen die Marketing-Päpste, das Konzept noch einmal zu überdenken. Marketingpraktiker, die fortschrittlich denken, sind eher geneigt, das Kind beim Namen und das Konzept eine Masterbrand- oder Megamarken-Strategie zu nennen. Sie ist vor allem im Automobilbereich vorherrschend.

»Ford ist nicht unsere Marke. Unsere Marken sind: Aspire, Contour, Crown Victoria, Escort, Mustang, Probe, Taurus und Thunderbird.« Was ist ein Ford dann? »Ein Ford ist eine Megamarke.«

»Dodge ist nicht unsere Marke. Unsere Marken sind: Avenger, Intrepid, Neon Stealth, Startus und Viper.« Was ist ein Dodge dann? Ein Dodge ist eine Megamarke.

Man kann das eigene Brandingsystem nicht einem Markt aufzwingen, der die Dinge aus einer anderen Warte sieht. Was der Hersteller als Marke definiert, ist in den Augen des Kunden ein Modell. Was der Hersteller als Megamarke definiert, ist in den Augen des Kunden eine Marke. (Beim Megamarken-Konzept blicken Kunden überhaupt nicht mehr durch.)

Sogar Keith Crain, Herausgeber der *Automotive News*, der Bibel der Autoindustrie, zweifelt an den Verwirrspielen der Marketingexperten. »Viele in der Branche wollen uns einreden, daß man unter »Marken« die einzelnen Modelle und nicht die Namensschilder des Herstellers versteht. Ich habe noch nie gehört, daß Automodelle Anzeigen im Branchenverzeichnis schalten.«

Kann eine Marke in mehr als einem Modell auf den Markt gebracht werden? Sicher – solange diese Modelle nicht vom Kern der Marke abweichen, von der einzigartigen Idee oder dem unverwechselbaren Konzept, durch die sie sich von allen anderen Markenprodukten unterscheidet. Wenn man das Bedürfnis verspürt, Splittermarken einzuführen, baut man keine Marke auf, sondern läuft dem Markt hinterher, um ihn in die Enge zu treiben.

Der Kern einer Marke ist eine Idee, ein Merkmal oder ein Marktsegment, die man im Gedächtnis der Käufer mit Beschlag belegt. Splitting ist das genau entgegengesetzte Konzept, bei dem man sich verzettelt, weil man die Marke in alle nur erdenklichen Richtungen ausschwärmen läßt. Mit Splitting zerstört man, was man mit Branding aufgebaut hat.

Brandingkonzepte, die keine Marktimpulse erhalten, laufen ins Leere. Splitting, Masterbranding und Megabranding sind keine kundenorientierten Konzepte. Sie haben im Gedächtnis der meisten Käufer nicht die geringste Bedeutung.

Denken Sie geradeaus. Versuchen Sie, sich in einen Kunden hineinzuversetzen und wie er zu denken, dann wird der Erfolg Ihrer Marke nicht lange auf sich warten lassen.

ACURA

Als Honda einen Wagen der oberen Preisklasse einführen wollte, nannte es das Produkt weder Honda Plus noch Honda Ultra. Der Automobilhersteller entwickelte eine ganz neue Marke, Acura genannt, die sich als Renner entpuppte. In Amerika wurde der Acura in Rekordzeit das umsatzstärkste importierte Luxusauto.

Das 15. Gebot im Branding:

Bewahren Sie beim Aufbau einer Markenfamilie die Eigenarten Ihrer Sprößlinge

Für die Einführung einer zweiten eigenständigen Marke ist immer Zeit und Platz.

Die Gebote im Branding scheinen darauf hinzudeuten, daß ein Unternehmen seine gesamten Ressourcen auf eine einzige Marke für einen einzigen Markt konzentrieren sollte. Sorgen Sie dafür, daß diese Kernmarke ihren Fokus behält, und ignorieren Sie Chancen, in neue Marktbereiche vorzudringen.

Alles gut und schön. Aber irgendwann kommt der Zeitpunkt, wo ein Unternehmen eine zweite Marke nachschieben sollte. Vielleicht sogar eine dritte und vierte.

Die Sekundärmarken-Strategie ist nicht für jedermann geeignet. Bei einer fehlerhaften Handhabung kann die zweite Marke die erste schwächen, und kostbare Ressourcen werden vergeudet. (Siehe Kapitel 10: »Vermeiden Sie Wildwuchs«.)

Dennoch läßt sich in bestimmten Situationen eine Markenfamilie mit starken Sprößlingen aufbauen, die einem Unternehmen auch in Zukunft mehrere Jahrzehnte lang eine marktbeherrschende Stellung sichert.

Ein Beispiel ist die Wm. Wrigley Jr. Company. Mehr als hundert Jahre hat Wrigley den Kaugummimarkt dominiert und Milliardengewinne eingefahren. Aber nicht mit einer Marke allein. Wrigley kann heute auf die Unterstützung einer Markenfamilie mit sieben Mitgliedern zählen, die alle ein eigenes, starkes Profil aufweisen:

- Spearmint
- Big Red (eine Marke mit Zimtgeschmack)
- Doublemint (eine Marke mit Pfefferminzgeschmack)
- Extra (eine Marke ohne Zucker)
- Freedent (eine Marke, die nicht an den Zähnen klebt)
- Juicy Fruit (eine Marke mit Spearmintgeschmack)
- Winterfresh (eine Marke, die für frischen Atem sorgt)

Der Schlüssel zu einer erfolgreichen Familienplanung besteht darin, jeden einzelnen Sprößling als eine einzigartige, eigenständige Marke zu behandeln und ihm eine spezifische Identität mit auf den Weg zu geben. Widerstehen Sie dem Drang, die einzelnen Marken in puncto äußeres Erscheinungsbild oder Charaktermerkmale über einen Kamm zu scheren, nur damit jeder auf Anhieb die Familienzugehörigkeit erkennt. Sie sollten statt dessen versuchen, jede Marke als Individuum zu behandeln und ihre Eigenarten hervorzuheben.

Die Wrigley-Methode ist alles andere als perfekt. Die ersten drei Marken des Unternehmens (Juicy Fruit, Spearmint und Doublemint) besitzen zuviel Ähnlichkeiten mit Produktlinienerweiterungen. Sie brauchen den Namen Wrigley als Stütze für ihren generischen Markennamen. Big Red, Extra, Freedent und Winterfresh sind dagegen flügge: Sie stehen auf eigenen Füßen und führen als völlig separate Marken ein Leben ohne Familienklüngel.

Die meisten Führungskräfte haben ihren Blick zu starr auf das eigene Nest gerichtet; deshalb entgeht ihnen, welche

Stärke der Abnabelungsprozeß und die Entwicklung einer eigenständigen Markenidentität mit sich bringen kann. Sie wollen Kapital aus der Position schlagen, die ihre Marke bereits im Gedächtnis der Käufer einnimmt, in der Hoffnung, mit der Einführung einer neuen Marke einen weiteren Treffer zu landen.

Deshalb führte IBM Marken wie IBM Pcjr ein. Und NyQuil führte DayQuil ein. Und Blockbuster Video führte Blockbuster Music ein. Und Toys »Я« Us führte Babies »Я« Us ein.

Time Inc. ist inzwischen der größte Zeitschriftenverlag der Welt; dieses Ziel hat er aber nicht durch Erweiterung seines Kernmarkenprogramms, sondern durch Einführung individueller Publikationen erreicht. Wie Wrigley kann auch Time Inc. auf die Unterstützung einer Markenfamilie mit sieben Mitgliedern zählen, die alle ein eigenes, starkes Profil aufweisen:

① *Time*

② *Fortune* – und nicht *Time for Business* (das beste Wirtschaftsmagazin aller Zeiten)

③ *Life* – und nicht *Time for Pictures* (das beste Bildmagazin aller Zeiten)

④ *Sports Illustrated* – und nicht *Time for Sports* (das beste Sportmagazin aller Zeiten)

⑤ *Money* – und nicht *Time for Finances (*das beste Finanzmagazin aller Zeiten)

⑥ *People* – und nicht *Time for Celebrities* (das beste Klatschmagazin aller Zeiten)

⑦ *Entertainment Weekly* – und nicht *Time for Entertainment* (das beste Veranstaltungsmagazin aller Zeiten)

(Niemand ist perfekt. Deshalb wurde die Familie inzwischen noch durch *Digital Time*, *Teen People* und *Sports Illustrated for Kids* erweitert.)

Und was ist mit dem *ESPN Magazine*? Disney wird doch nicht allen Ernstes erwartet haben, daß diese Sportzeitschrift bei einem Gegner wie *Sports Illustrated* Punkte holen kann? Wir räumen ihr keine Siegeschancen ein. Die Stärke einer Marke liegt in ihrer eigenen, einzigartigen Identität – und nicht darin, daß der Käufer sie spontan mit einer völlig anderen Produktkategorie in Verbindung bringt.
Eine individuelle Markenidentität im Gedächtnis der Käufer aufzubauen bedeutet nicht, daß Sie eine völlig getrennte Organisationsstruktur für jede einzelne Marke brauchen. Wm. Wrigley Jr. Company hat nicht sieben separate Produktionsstätten oder sieben separate Verkaufsorganisationen. Die Familie besteht aus sieben eigenständigen Marken und einem Unternehmen, einer Außendienstmannschaft und einer Marketingorganisation.
Als General Mills beschloß, sein Gourmet-Imperium durch italienische Restaurants zu vergrößern, hat es nicht bei Null angefangen. Das Unternehmen setzte das gesamte Wissen ein, das es in der Meeresfrüchte-Gastronomie (mit seinen Red-Lobster-Restaurants) erworben hatte, um seinem neuen italienischen Sprößling den Start ins Leben zu erleichtern. Es verzichtete aber darauf, den klangvollen Namen Red Lobster zu verzweigen: Kein Italian Red Lobster.
General Mills erfand eine eigenständige Marke namens Olive Garden. Mit dieser Strategie schuf es die zwei größten Familienrestaurant-Ketten in den USA. (Anschließend wurden die beiden Stränge neu geordnet und zu einer dritten Unternehmung verflochten: Darden Restaurants, Inc. Sie ist mit ihrer Hausmannskost ohne großes Brimborium auf Anhieb zum weltweit größten Gastronomiebetrieb avanciert.)
Als Sara Lee versuchte, eine Strumpfhosen-Marke in die Supermarkt-Regale zu bringen, benutzte das Unterneh-

men nicht seinen renommierten Namen Hanes als Empfehlung. Und es nannte die neue Marke auch nicht Hanes II oder Hanes Zwei.

Sara Lee schuf eine separate Marke namens L'Eggs, die eigens auf Supermärkte zugeschnitten war. Verpackt in einem Plastikei, wurde das Produkt mit einem Marktanteil von 25 Prozent die Nummer eins in den Supermärkten.

Als Black & Decker, der Welt größter Hersteller von Elektro-Heimwerkergeräten, in den Markt für Profiwerkzeug expandieren wollte, segelte er nicht unter der Flagge Black & Decker. Und er nannte das neue Produkt auch nicht Black & Decker Pro.

Er schuf eine eigenständige Marke mit dem Namen DeWalt. In weniger als drei Jahren wurde DeWalt ein 350-Millionen-Unternehmen, Marktführer in der Sparte Profiausrüstungen und die zweitgrößte Elektrowerkzeug-Marke nach Black & Decker.

Früher pflegten die Firmen Markenfamilien zu gründen, die sich auf das Gebot stützten, Sekundärmarken mit eigener Identität aufzubauen. Im Lauf der Zeit haben sie offenbar vergessen, warum sie ihre Sprößlinge ursprünglich in die Welt gesetzt hatten. Statt ihnen zu erlauben, ihre Individualität zu bewahren, wirft man sie in einen Topf, vermischt die Zutaten gründlich und überzieht das Ganze mit einem Firmenzuckerguß. Die Marken werden dadurch nicht stärker, sondern zunehmend schwächer.

General Motors schickte früher eine Phalanx von fünf Marken ins Gefecht, eine jede mit ihrer eigenen Identität ausgerüstet: Chevrolet, Pontiac, Oldsmobile, Buick und Cadillac. Jedes amerikanische Schulkind hätte einen Chevy schon aus der Ferne erkannt und den Namen der Marke auf Anhieb gewußt. Oder einen Pontiac. Oder ein Oldsmobile. Oder einen Buick. Oder einen Cadillac.

Einbuchtungen in den vorderen Kotflügeln? Das kann nur ein Buick sein. Heckflossen? Das kann nur ein Cadillac sein.

Das war einmal. Selbst die Mitarbeiter von General Motors sind heute vermutlich nicht mehr in der Lage, GM-Automobile auf der Straße zu erkennen und die Marke richtig zu erraten.

Viele Firmenchefs glauben, daß die Sekundärmarken-Strategie am besten funktioniert, wenn die Organisation selbst dezentralisiert ist. »Sollen die Marken doch unter sich ausmachen, ob sie Sprößlinge in die Welt setzen.«

Das ist schlecht. Genau diese Philosophie hat General Motors in Schwierigkeiten gebracht. Die Kontrolle über die Marken (oder Unternehmensbereiche) wurde verlagert, und jeder Bereich erhielt die Befugnis, die eigene Route festzulegen. Die Ergebnisse waren vorhersehbar. In jedem Bereich wurde der Aktionsradius mit Höchstgeschwindigkeit ausgeweitet, und inzwischen sind sie Straßen mit teuren Chevrolets, billigen Cadillacs und einem Wirrwarr von Marken zugepflastert.

Die Sekundärmarken-Strategie erfordert mehr und nicht weniger Überwachung durch das Topmanagement. Langfristig hat es keinen Sinn, Gleichmacherei unter den Marken zu betreiben: Die Unterschiede sollten gewahrt bleiben. Der menschliche Instinkt verfolgt gleichwohl ganz andere Ziele: Er strebt nach Verschmelzung. Ergebnis: Alle Automodelle von General Motors kamen mit Heckflossen auf den Markt.

Es ist außerdem nicht notwendig, jeder Marke ein Etikett mit der Corporate Identity anzuhängen. Kauft jemand einen Lexus, *weil* der Wagen von Toyota hergestellt wird? Oder *obwohl* der Wagen von Toyota hergestellt wird?

Der Käufer entscheidet sich für einen Lexus. Darin besteht

die Macht der Marke Lexus. Daß sie aus dem Hause Toyota stammt, ist dabei irrelevant.
Führungskräfte im Unternehmen sollten sich folgende Prinzipien einprägen, wenn sie eine Sekundärmarken-Strategie für ihren Stall voller Produkte wählen:

① Konzentrieren Sie sich auf einen allgemeinen Produktbereich. Pkws, Kaugummi, nicht verschreibungspflichtige Arzneimittel – um nur einige allgemeine Sparten zu nennen, um die Sie ein Sekundärportfolio aufbauen.
② Wählen Sie ein einzelnes Merkmal aus, um den Markt zu segmentieren. Der Preis ist als Kriterium gang und gäbe, aber es gibt auch noch andere Attribute, zum Beispiel Vertrieb, Altersgruppe, Kalorien, Geschlecht, Geschmacksrichtungen. Wenn Sie Ihr Augenmerk auf eine einzige charakteristische Eigenschaft richten, vermeiden Sie, daß Verwirrung zwischen den Sprößlingen entsteht. Sie wollen schließlich verhindern, daß sich Ihre Marken überschneiden und gegenseitig das Wasser abgraben. Sorgen Sie dafür, daß jede Marke einzigartig und individuell bleibt.
③ Schaffen Sie klare Unterscheidungsmerkmale zwischen den Marken. Der Preis ist das einfachste Kriterium bei der Segmentierung, weil sie jede Marke mit einem bestimmten Preisschild versehen können. Wenn sich die Preise überschneiden, wird es schwierig, die eigenständige Identität der Marken zu erhalten. Die meisten Autobesitzer können nicht zwischen einem Oldsmobile und einem Buick unterscheiden, weil sie sich auf einer ähnlichen Preisskala bewegen.
④ Wählen Sie unterschiedliche und nicht ähnlich klingende Markennamen. Sie wollen keine Markenfamilie, in dem sich die Mitglieder wie ein Ei dem anderen ähneln,

sondern eine Familie mit individuellen Marken aufbauen. Werfen Sie einen Blick auf die Namen einiger Chevrolet-Modelle: Cavalier, Camaro, Corsica und Caprice. Diese Modellnamen können schon deshalb keine Marken sein, weil alle gleich klingen. Falls Chevrolet Marken und keine Modelle schaffen wollte, hätte der Autokonzern klar unterscheidbare Namen benutzen sollen. Ähnlich klingende und mit demselben Buchstaben beginnende Markennamen lasten wie ein Fluch auf einer Familie mit mehreren Sprößlingen.

⑤ Bringen Sie nur dann einen neuen Sprößling auf den Markt, wenn Sie eine neue Produktkategorie schaffen können. Neue Marken sollten nicht eingeführt werden, um eine Lücke in der bestehenden Produktlinie zu schließen oder sich im direkten Wettbewerb mit einem bereits etablierten Konkurrenten zu messen. Gegen diese goldene Regel verstoßen sogar die größten Unternehmen. Coca-Cola brachte Mr. Pibb auf den Markt, nicht, um ein Pionierprodukt zu lancieren, sondern um dem Wachstum von Dr. Pepper einen Riegel vorzuschieben. Und Coca-Cola brachte Fruitopa auf den Markt, nicht, um ein Pionierprodukt zu lancieren, sondern um dem Wachstum von Snapple einen Riegel vorzuschieben. Beide Marken treten auf der Stelle.

⑥ Halten Sie die Sprößlinge auf allerhöchster Ebene unter Kontrolle. Andernfalls werden Sie feststellen, daß Ihre starken, individuellen Marken langsam, aber sicher in die Binsen gehen. Sie werden Opfer innerfamiliärer Rivalitäten, ein typisches Verhaltensmuster in Unternehmen; es ist darauf zurückzuführen, daß die besten Eigenschaften der konkurrierenden Geschwister nachgeahmt werden. Am Ende stehen Sie wie General Motors mit einer Familie da, die wie geklont aussieht.

Die Strategie, eine Familie mit individuellen Sekundärmarken aufzubauen, ist nicht für jedes Unternehmen geeignet. Aber in Fällen, wo sie angemessen ist, kann sie auf lange Sicht die Vorrangstellung in einer Produktkategorie sichern.

Ein Kunde betrachtet die Welt mit seinen Augen, die waagerecht im Kopf angeordnet sind. Das ist so, als sähe man durch die Windschutzscheibe eines Autos. Um die bestmögliche visuelle Wirkung zu erzielen, sollte das Logo eines Unternehmens die Form einer Windschutzscheibe haben und ungefähr zweieinviertelmal so breit wie hoch sein. Das Avis-Logo hat beinahe das perfekte Design. Das Arby's-Logo ist viel zu vertikal.

Das 16. Gebot im Branding:

Wählen Sie ein Logo mit einer Form, die ins Auge springt

Das Logo einer Marke sollte auf die Augen abgestimmt sein. Auf beide Augen.

Das Logo oder Signum ist eine Kombination aus Warenzeichen, also dem visuellen Symbol der Marke, und dem Markennamen, der in klar erkennbaren Lettern gesetzt werden sollte.

Ein Logo kann alle nur erdenklichen Formen haben: rund, viereckig, oval, waagerecht, senkrecht. Aber in den Augen der Kunden sind nicht alle Logos gleich.

Da die Augen waagerecht nebeneinander angeordnet sind, ist die ideale Form für ein Logo die Horizontale. Ungefähr zweieinviertelmal so breit wie hoch.

Mit einem waagerechten Design erzielt Ihr Logo maximale Wirkung. Und das überall, wo es auftaucht: auf Gebäuden, Broschüren, Briefköpfen, Visitenkarten und in der Werbung.

Die Horizontale ist besonders wichtig, wenn Sie Ihr Logo einer eingeschworenen Einzelhandelsgemeinschaft bestmöglich präsentieren möchten. Im Neondschungel ist ein senkrechtes Logo schwer benachteiligt. Das Cowboyhut-Logo von Arby's führt klar vor Augen, daß der Hang zur Vertikalen bestraft wird.

Die Lesbarkeit des Logos fällt gleichermaßen ins Gewicht. Die Logo-Designer denken sich oft Blasen ans Gehirn, um ein Schriftbild zu finden, das die Hauptmerkmale einer Marke spiegelt. Daß die Schriftzüge auch lesbar sein sollten, scheinen sie im Eifer des Gefechts zu vergessen.

Schriftbilder gibt es wie Sand am Meer, mit Tausenden von Schriftarten und Schriftgraden, doch Käufer nehmen die Unterschiede kaum wahr. Um mit David Ogilvy zu sprechen: Keine Frau sagt, sie hätte das Waschmittel gekauft, wenn die Kopfzeile in *Karnack Bold* gedruckt wäre.

Was für eine Schriftart benutzt Rolex für sein Logo? Oder Ralph Lauren? Rolls-Royce? Mit oder ohne Serifen? (Falls Sie nicht vom Fach sind: Das sind kleine abschließende Striche am Buchstabenkörper.)

Worte (Rolex, Ralph Lauren, Rolls-Royce) stellen ein Vehikel dar, das die Macht der Marken transportiert. Das Schriftbild im Logo kann den Kommunikationsprozeß fördern oder behindern, aber nur geringfügig.

Wenn die Buchstaben andererseits nicht zu entziffern sind, hinterläßt das Logo wenig oder gar keinen Eindruck im Gedächtnis der Käufer. Nicht wegen des Schriftbilds, das verwendet wurde, sondern weil der potentielle Kunde die Worte nicht lesen kann. Die Lesbarkeit sollte bei der Wahl der Schrift für ein Logo die wichtigste Überlegung sein.

Zugegeben, es gibt Unterschiede in den Empfindungen, die ein Schriftbild visuell übermittelt. Schriftarten ohne Serifen sehen modern, solche mit Serifen nostalgisch aus. Fettdruck wirkt maskulin, Kursivdruck feminin.

Derlei Unterschiede werden jedoch nur durch Übertreibung deutlich. Würde es Ihnen gefallen, wenn Ihr Markenname in schwarzen Gotisch-Lettern (die Schnörkelschrift, die beispielsweise für die Kopfzeile der *New York Times* verwendet wird) gesetzt wäre, um dem Produkt einen alten, renommierten Anstrich zu geben? Vermutlich nicht. Eindruck könnten Sie damit bestimmt schinden, aber nur wenige potentielle Kunden wären imstande, den Namen zu entziffern (und sich somit an ihn zu erinnern).

Es ist ein Teufelskreis: Um die Aufmerksamkeit des Durchschnittskäufers auf die »Stimmung« zu lenken, die das Logo übermitteln soll, müssen Sie die charakteristischen Merkmale der Typographie übertreiben. Und wenn Sie dick auftragen, leidet die Lesbarkeit. Wie immer Sie sich auch entscheiden, Sie sitzen zwischen zwei Stühlen.

Die zweite Komponente des Signums, das Warenzeichen oder visuelle Symbol, wird ebenfalls überbewertet. Die Bedeutung liegt im Wort – oder in den Worten – und nicht im Sinnbild.

Das *Swoosh*-Symbol erhält seine Bedeutung nur durch den Namen des Turnschuhherstellers Nike – und nicht umgekehrt. Wenn ein Symbol lange Zeit mit einem Namen in Zusammenhang gebracht wurde, kann es diesen schließlich repräsentieren, ähnlich wie ein »Familienwappen«. Aber es ist nichtsdestoweniger der Name, in dem die Stärke einer Marke zum Ausdruck kommt.

Swoosh steht also für Nike. Aber die Vorteile, das Symbol allein zu verwenden, sind spärlich und kommen auch nur in bestimmten Situationen zum Tragen. Vielleicht ist das Symbol schon aus weiter Ferne zu erkennen, wo der Name unlesbar wäre. Vielleicht kann man das Produkt selbst oder solche Bekleidungsartikel damit schmücken, wo der Name zu »werbemäßig« aussehen würde. Vielleicht kommt man, wenn man mehr als 100 Millionen Dollar im Jahr dafür hinblättert, *Swoosh* mit Nike zu verknüpfen, ungestraft davon, wenn man sich irgendwann in der Werbung auf das Symbol beschränkt. Aber welchen Vorteil sollte das haben?

Vergleichen wir Shell mit Mobil. An den Shell-Tankstellen finden wir nur das Warenzeichen ohne das Wort »Shell«. Mobil verwendet ein Logo mit blauen Buchstaben und einem roten »O« in dem Wort »Mobil«.

Ist der Shell-Ansatz besser als der Mobil-Ansatz? Vermutlich nicht. Bestenfalls könnte man sagen, daß Shell den Erfolg seiner Methode einem schlichten Namen und einem leicht zu deutenden visuellen Symbol verdankt. Aber welche Vorteile hat eine solche Vorgehensweise?

Nur sehr wenige. Dafür gibt es aber ein paar massive Nachteile. Wer wird noch wissen, daß die gelbe Muschel »Shell« bedeutet, wenn die nächsten Generationen heranwachsen und potentielle Neukunden in den Markt kommen? Vor allem, wenn diese potentiellen Neukunden keine Ahnung haben, daß es sich

bei Shell um den Namen einer Benzinmarke handelt.
Man hat große Mühe darauf verwendet, ausgefallene Symbole für das Firmensignum zu finden. Die Flut der Halbmonde, Schutzschilde, Wappenzeichen und anderer heraldischer Symbole, die in Amerikas kleinen, aber feinen Designschmieden entstehen, nimmt kein Ende. Diese Anstrengungen sind häufig für die Katz. Die Stärke eines Markennamens liegt in der Bedeutung, die er im Gedächtnis der Käufer besitzt. Bei den meisten Marken hat ein Symbol wenig oder gar keinen Einfluß darauf, ob diese Bedeutung entsteht.
Es gibt nicht mehr als eine Handvoll Symbole, die als Warenzeichen ebenso einfach wie wirkungsvoll sind. (Der Mercedes-Stern ist eines davon.) Wenn Ihnen Fortuna in der Vergangenheit die Gunst eines dieser schlichten Symbole verwehrt hat, ist es heute zu spät, mit einer eigenen Kreation am Rad des Schicksals zu drehen.

TIFFANY & CO.

Was für eine Farbe hat ein Tiffany-Schmuckbehältnis? Ein unverwechselbares Blau, das an die Eier eines Blaukehlchens erinnert. Alle Tiffany-Schmuckbehältnisse sind blau. Hätte Tiffany verschiedene Farben verwendet, wäre dem Unternehmen eine erstklassige Chance entgangen, den Markennamen durch seine weithin bekannte Farbe hervorzuheben.

Das 17. Gebot im Branding: **Bekennen Sie Farbe**

Eine Marke sollte sich farblich von seinem größten Konkurrenten abheben.

Eine weitere Möglichkeit, eine Marke im Pulk der Wettbewerber hervorzuheben, ist die Farbe. Aber mit diesem Merkmal zu arbeiten erfordert Fingerspitzengefühl. Es gibt unzählige Worte, unter denen Sie wählen können, um einen einzigartigen, unverwechselbaren Namen zu schaffen, aber nur eine Handvoll Farben.
Grundlegend gibt es fünf bunte Farben (Rot, Orange, Gelb, Grün und Blau) zuzüglich der unbunten (Schwarz, Weiß und Grau). Am besten hält man sich an eine dieser fünf Primärfarben statt an Schattierungen oder Farbmischungen. Aber an welche?
Denken Sie daran: Nicht alle Farben sind in den Augen des Betrachters gleich. Die Farben am roten Ende des Spektrums werden hinter der Netzhaut leicht gebündelt. Deshalb scheint uns ein roter Farbton beim Betrachten regelrecht anzuspringen.
Farben am blauen Ende des Spektrums werden dagegen vor der Netzhaut gebündelt. Ein blauer Farb-

ton scheint daher vor unserem Blick zurückzuweichen.

Aufgrund dieser physischen Empfindungen haben Farben eine bestimmte symbolische Bedeutung: Rot ist die Farbe der Energie und Affekte, eine aggressive Farbe, die dem Betrachter direkt ins Auge springt. Deshalb herrscht sie bei 45 Prozent aller Nationalflaggen vor. (Blau rangiert mit Abstand auf dem zweiten Platz und ist nur bei weniger als 20 Prozent aller Nationalflaggen tonangebend.)

Die Kontrastfarbe zu Rot ist Blau. Blau strahlt Ruhe und Frieden aus. Blau ist eine zurückhaltende Farbe.

In der Welt der Marken ist Rot die Farbe des Handels; sie soll die Aufmerksamkeit auf einen bestimmten Punkt lenken. Blau ist die Farbe der Unternehmen; sie soll das Gefühl von Stabilität übermitteln. Coca-Cola hat die Farbe Rot und IBM die Farbe Blau annektiert.

Die anderen Primärfarben liegen irgendwo zwischen den beiden entgegengesetzten Enden der Skala. Orange tendiert näher zu Rot als zu Blau. Und Grün ist Blau näher als Rot.

Gelb gilt als neutrale Farbe. Doch da sie sich in der Mitte des Wellenlängenbereichs befindet, in dem wir Farbtöne und Farbnuancen mit bloßem Auge unterscheiden können, ist Gelb auch die grellste Farbe. (Deshalb wird sie auch verwendet, um auf Gefahren aufmerksam zu machen, beispielsweise bei Ampeln, Markierungslinien auf den Straßen, Warnschildern usw.)

Im Lauf der Zeit wurden manche Farben zum Sinnbild für bestimmte menschliche Attribute, Ereignisse und politische Bewegungen.

- Weiß ist die Farbe der Unschuld (zum Beispiel ein weißes Brautkleid).
- Schwarz ist die Farbe des Luxuslebens (zum Beispiel die Whiskymarke Johnny Walker Black Label).
- Blau ist die Farbe der Sieger (zum Beispiel das Blaue Band, das der Gewinner bei Reit- und Springturnieren erhält).
- Purpur ist die Farbe der Könige und hohen kirchlichen Würdenträger (zum Beispiel jemandem den »Purpur« verleihen, das heißt ihn zum Kardinal ernennen).
- Grün ist die Farbe der Umwelt und Gesundheit (zum Beispiel in Greenpeace, Healthy Choice und SnackWell's oder im Grünen Punkt).

Wenn Manager eine Farbe für eine Marke oder ein Logo auswählen, konzentrieren sie sich meistens auf die Stimmung, die sie damit zu erzeugen hoffen, und nicht auf die einzigartige Identität, die sie schaffen sollten. Obwohl Stimmungen wichtig sind und der Ton bekanntlich die Musik macht, sollten andere Faktoren Vorrang vor einer Option erhalten, die sich ausschließlich an der Stimmung ausrichtet.
Marktführer mit einem Pionierprodukt haben freie Auswahl. Normalerweise sollte man sich für die Farbe mit dem größten Symbolgehalt für eine Produktkategorie entscheiden. John Deere ist die führende Traktorenmarke. Da überrascht es wohl nicht, daß

John Deere Grün als Signaturfarbe wählte, die Farbe, die als Sinnbild von Gras, Bäumen und Landwirtschaft gilt.

Wir wurden einmal gebeten, einen Markennamen und eine Farbe für einen brasilianischen Traktorenhersteller zu finden. Wir kamen auf Maxion, der nach unserem Empfinden »Stärke« signalisierte, ein wichtiges Merkmal bei einem landwirtschaftlichen Nutzfahrzeug. Blieb die Frage, welche Farbe die neue Traktormarke verwenden sollte.

John Deeres Farbe war Grün. Die Nummer zwei im Markt war auf Rot abonniert. Deshalb lag die Farbwahl auf der Hand. Maxion wurde ein blauer Traktor und eine Siegermarke.

Ist Blau eine gute Farbe für einen Traktor? Nein, aber die Entwicklung einer unverwechselbaren Markenidentität hat eine höhere Priorität als die Verwendung des richtigen Farbsymbols.

Hertz, die erste Marke in der Mietwagenbranche, wählte die Farbe Gelb. Avis, die zweitgrößte Marke, nahm also Rot. Und National optierte für Grün. (Die Firma National gab mehrere Jahre die grünen Rabattmarken von S&H an ihre Mietwagenkunden aus, ein raffinierter Marketingschachzug, der den Namen National mit der Farbe Grün verbandelte.)

Es liegt eine zwingende Logik in dem Gebot, sich farblich vom Produkt Ihres größten Konkurrenten abzuheben. Wenn Sie dagegen verstoßen, tun Sie das auf eigene Gefahr.

Cola ist ein rötlichbraunes Getränk, deshalb ist die Farbe für eine Colamarke logischerweise Rot. Was ein Grund sein dürfte, warum Coca-Cola seit mehr

als hundert Jahren mit der Farbe Rot für seine Produkte wirbt.
Pepsi-Cola war bei der Wahl der Farben Rot und Blau nicht gut beraten – Rot als Symbol des colahaltigen Softdrinks und Blau, um sich deutlich von Coca-Cola zu unterscheiden. Pepsi ringt schon seit Jahren damit, daß es sich mit einer Antwort auf Cokes Farbstrategie zufriedengeben muß, die alles andere als ideal ist.
Mal ehrlich: Haben Sie nicht auch den Eindruck, daß Sie eine wahre Flut von Coca-Cola-Zeichen sehen, wenn Sie die Farben vor Ihrem inneren Auge Revue passieren lassen? Fällt es Ihnen nicht auch schwer, sich eine gleich große Anzahl Pepsi-Cola-Zeichen vorzustellen? Pepsi zeigt Flagge, aber die unverkennbare Farbe fehlt, und so geht Pepsi in einem Meer von Coca-Cola-Rot unter.
Inzwischen scheint Pepsi-Cola ein Licht aufgegangen oder vielmehr bei der Farbwahl besser beraten zu sein. Der Konzern holt nach, was er vor fünfzig Jahren versäumt hat: sich auch farblich von seinem größten Konkurrenten zu unterscheiden.
Pepsi-Cola wird blau. Pepsi hat keine Kosten und Mühen gescheut, den Abfüllern in aller Welt die Farbbotschaft mit einer blau gestrichenen Concorde zu bringen.
Setzen Sie auf Kontraste. Kodak ist gelb, also ist Fuji grün.
Gelb ist die Farbe, mit denen die meisten auf Anhieb McDonald's in Verbindung bringen, obwohl das Logo (die goldenen Bögen) in Wirklichkeit überwiegend rot ist. Und welche Farbe fällt Ihnen spontan ein, wenn Sie an Burger King denken?

Burger King unterlief der Fehler, die Hamburger-Farben symbolisch darzustellen, statt eine Kontrastfarbe zu den Marktführern zu wählen. Burger King kombinierte das Goldgelb des Hamburger-Brötchens mit dem Orangerot von Hackfleisch. Ein knalliges Logo, aber eine katastrophale Farbwahl.
Budweiser-Bier hat die Farbe Rot für sich gepachtet; zu welcher Farbe sollte Miller also greifen?
Eines der vielen Probleme bei Millers massiven Produktlinienerweiterungen ist die Zerstörung der Farbidentität der einzelnen Marken. Um die Miller-Sprößlinge voneinander zu unterscheiden, benutzt der Bierbrauer ein kunterbuntes Sammelsurium von Farbkombinationen. Dadurch verspielt er die Chance, seine Marken von Budweiser, dem Erzrivalen, positiv abzuheben.
Denken Sie an die unverwechselbare Farbe der Schmuckbehältnisse von Tiffany. Wenn man eine Farbe standardisiert und sie im Lauf der Jahre konsequent verwendet, baut man eine starke visuelle Präsenz in einer Welt auf, in der allerorts Chaos herrscht. Alle Jahre wieder, zur Weihnachtszeit, putzt sich jede Marke und jedes Geschäft mit Festtagsschmuck in den Farben Rot und Grün heraus, angefangen von M&M bis zu Macys. Nur ein Unternehmen tanzt aus der Reihe: Tiffany & Co hält an seiner Farbe Blau fest und ist deshalb unter dem Weihnachtsbaum auf den ersten Blick zu erkennen.
Ehefrauen fallen ihren Göttergatten um den Hals, sobald sie das Präsent erspähen, dessen Verpackung an Blaukehlcheneier erinnert; sie wissen, auch ohne sie zu öffnen, daß sich etwas Einmaliges darin verbirgt.

Gemeine Sterbliche haben in ihrem Leben vermutlich mehr Miller-Bierdosen als Tiffany-Schmuckbehältnisse zu Gesicht bekommen, aber ich möchte wetten, daß sie die Tiffany-Farbe auf Anhieb erkennen, während sie sich bei Miller nicht sicher sind.

Obwohl eine einzige Farbe für eine Marke fast immer am besten ist, lassen sich durchaus stichhaltige Gründe für ein Design in Multicolor finden. Federal Express, der erste Overnight-Paketzusteller, beschloß, seine Lieferungen auf dem Schreibtisch der Empfänger schon von weitem kenntlich zu machen. Deshalb kombinierte er die beiden grellsten Farben, die es gibt: Orange und Violett.

Wenn ein Paket von FedEx eintrifft, sieht jeder auf Anhieb, daß es von FedEx stammt. Es wirkt wie eine farbenfrohe Hippie-Insel in einem Meer blauer Nadelstreifen.

Die Stetigkeit der Farbgebung kann langfristig dazu beitragen, einer Marke den Weg in die Köpfe der Käufer zu ebnen, um sich dort ein für allemal einzunisten. Ein solches Fanal hat Caterpillar mit der Farbe Gelb, United Parcel Service mit der Farbe Braun, Coca-Cola mit der Farbe Rot und IBM mit der Farbe Blau gesetzt.

Die Farbe Blau hat IBM zu seinem Spitznamen »The Big Blue« verholfen. Auch Sie können Ihrer Marke Farbe und Größe verleihen.

Heineken

Die Brauerei Heineken NV exportiert ihre Marke in rund 170 Länder. In den meisten ist sie Tabellenführer in der »Oberliga«. (Heute wird das teure Bier in rund fünfzig Ländern vor Ort gebraut.)

Das 18. Gebot im Branding:
Trauen Sie sich, Grenzen zu überschreiten

Das globale Branding sollte keine Hürden und eine Marke keine Grenzen kennen.

Wie wir im Verlauf unserer Beratertätigkeit festgestellt haben, glauben die meisten unserer Unternehmenskunden an zwei Dinge:

① Der Anteil ihrer Marke läßt sich im heimischen Markt nicht mehr substantiell erhöhen.
② Sie müssen wachsen, um jeden Preis.

Infolge dieser eisernen Überzeugungen klammern sie sich an die Strategie, mit einer Programmerweiterung in andere Produktkategorien zu expandieren. »Der einzige Wachstumspfad«, heißt es.
Damit gehen sie in die Irre: Sie verstoßen gegen das erste Gebot im Branding, weil sie ihren Expansionstrieb nicht zügeln können. »Zugegeben, eine Expansion birgt gewisse Risiken«, heißt es, »aber nur so sind wir in der Lage zu wachsen.«
Das ist ein Trugschluß, denn es gibt mehr als einen Weg zum Wachstum. Die beste Lösung, um beide Zie-

le zu erreichen, ist der Aufbau einer globalen Marke. Das bedeutet:

- Den Fokus der Marke auf dem heimischen Markt begrenzt halten, um sie hier um so größer rauszubringen.
- Ein Global Player werden.

Jahrelang war das Wort »importiert« eine Zauberformel für die unterschiedlichsten Produkte. Nahrungsmittel, Bier, Wein, »harte« alkoholische Getränke, Bekleidung, Automobile, Haushaltsgeräte und viele andere Artikel haben vom Importetikett profitiert. Als ob das Überschreiten einer Grenze den Wert einer Marke auf wundersame Weise mehrt.
Der Grenzverkehr verleiht manchen Produkten tatsächlich einen zusätzlichen Wert. Da der Wert oder Nutzen eine individuelle Wahrnehmung ist, die im Kopf des Käufers besteht, kann das Wissen, woher eine Marke stammt, auf der Soll- oder Habenseite der Bilanz zu Buche schlagen. Zweifelt irgend jemand am Wert von

- Armbanduhren aus der Schweiz?
- Weinen aus Frankreich?
- Automobilen aus Deutschland?
- Elektronischen Geräten aus Japan?
- Kleidung aus Italien?

Hätten Armbanduhren aus Albanien, Weine aus Polen, Automobile aus der Türkei, elektronische Geräte aus Rußland oder Kleidung aus Portugal den

gleichen Wert im Kopf der Käufer? Wahrscheinlich nicht.
Käufer haben von jedem Land ihre eigenen individuellen Wertvorstellungen. Wenn die Eigenschaften eines Produkts mit den Wertvorstellungen übereinstimmen, die man sich von seinem Herkunftsland macht, stehen die Chancen gut, es in eine globale Marke zu verwandeln.
In welchem Land der Welt Sie auch leben mögen, Sie werden heute vermutlich einige Menschen finden, die eine Schweizer Armbanduhr und italienische Kleidung tragen, ein deutsches Autofabrikat fahren, französischen Wein trinken und sich japanischem Elektronik-Schnickschnack zulegen, um ihrem Spieltrieb zu frönen. (Hoffentlich nicht gleichzeitig.)
Trotz der Importsteuern, Zölle, Einfuhrquoten, Inspektionen, Regulierungsmaßnahmen, Bürokratie und kleinkarierten Schikanen, die nicht von schlechten Eltern sind, wächst die Welt immer mehr zu einem einzigen großen globalen Markt zusammen. Und Sie sollten mit Ihrem Produkt schnellstmöglich auf den Zug aufspringen, bevor er endgültig abgefahren ist.
Heineken NV ist die führende Brauerei in den Niederlanden, einem kleinen Land mit nur 15 Millionen Einwohnern. Als sich Heineken NV zu einem globalen Spieler mauserte, wurde sie die zweitgrößte Brauerei der Welt.
Kann jede Brauerei auf der internationalen Ebene Furore machen? Nein, denn weltweiten Erfolg erzielen Sie mit Ihrem Bier (oder gleich welchem anderen Markenprodukt) nur dann, wenn zwei Grundvoraussetzungen erfüllt sind:

① Sie müssen mit Ihrem Produkt der Erste sein.
② Ihr Produkt muß den Wertvorstellungen entsprechen, die man sich von seinem Herkunftsland macht.

Heineken war die erste Biermarke, die auf eine globale Strategie setzte. Trotz des Wissens, daß man Bier im allgemeinen eher mit Deutschland als mit Holland in Verbindung bringt.
Heineken hatte Glück. Holland und Deutschland sind Nachbarn, mit geographischen als auch ethnischen Gemeinsamkeiten. Folglich meinen viele Biertrinker in aller Welt, Heineken sei ein deutsches Produkt. (Die Brauerei brachte eine Zeitlang Pappuntersetzer mit dem Aufdruck »Printed in Germany« in Bars und Restaurants unters Volk.)
Heineken war noch in anderer Hinsicht ein Glückspilz. Becks, der größte deutsche Konkurrent auf dem globalen Markt, trägt schwer an der Bürde seines englisch klingenden Namens.
Und da aller guten Dinge drei sind, war Fortuna dem Bierbrauer noch in einem dritten Punkt hold: Das meistverkaufte deutsche Bier in Deutschland ist das Warsteiner. Normalerweise hat die führende Marke in einem Land, das für diese Produktkategorie bekannt ist, in aller Herren Länder einen Riesenbonus. (Wie der Nudelhersteller Barilla mit dem Werbeslogan »Italy's #1 Pasta« im US-Markt bewiesen hat.)
Aber ein deutsches Bier, das mit »War« beginnt, erinnert an Krieg und hat auf dem weltweiten Biermarkt keine großen Erfolgschancen.
Es gibt viele Strategien und Taktiken, um sich auf

dem globalen Spielfeld zu behaupten. Statt Ihr Augenmerk auf den Kernmarkt zu konzentrieren, können Sie mit Ihrem Produkt gezielt ein anderes Marktsegment ansprechen. Corona Extra ist ein Global Player, mit dem man rechnen muß: Die Biermarke boomte, als die mexikanische Küche in den USA gesellschaftsfähig wurde. Kirin-Bier gelang mit der Ankopplung an die japanische Küche ein ebenso kometenhafter Aufstieg, und Tsingtao-Bier verdankt seine Sternstunden der chinesischen Küche.
Corona Extra ist ein anschauliches Beispiel dafür, wie sich die Vorstellungen von einem Land zur Förderung einer Marke nutzen lassen. Da man mexikanischen Tequila bekanntlich mit einer Zitronenscheibe serviert, verwendeten die Importeure des mexikanischen »In-Biers« das gleiche Bild, um den Konsumenten Corona Extra schmackhaft zu machen.
Der Zahnstocher und die Limette auf der Corona-Flasche wurden zum visuellen Symbol, das man in Restaurants und Bars auch bei Schummerlicht und aus meilenweiter Entfernung ausmachen kann. »Was ist denn das?« fragen die Gäste, die kein Corona trinken.
»Das ist dieses mexikanische Bier, Corona Extra.«
Die Strategie hatte eine durchschlagende Wirkung: Die Marke wurde in den USA zum zweitgrößten Importschlager auf dem Biermarkt, gleich hinter Heineken. Es ist wohl eine Ironie des Schicksals, daß dieser sensationelle Erfolg über die Grenze schwappte und Corona Extra inzwischen auch in seinem Heimatland Mexiko die umsatzstärkste Marke ist.

Die Vorstellungen, die Käufer von einem Land haben, sind ungemein wichtig. Es gibt keine globale Marke, die einer globalen Vorstellung entspricht.

- Toyota, Honda und Nissan sind globale Marken; sie entsprechen den Vorstellungen, die Käufer von Japan haben.
- Compaq, Intel und Microsoft sind globale Marken; sie entsprechen den Vorstellungen, die Käufer von Amerika haben.
- Dom Pérignon, Perrier-Jouet und Château Mouton-Rothschild sind globale Marken; sie entsprechen den Vorstellungen, die Käufer von Frankreich haben.
- Gucci, Versace und Giorgio Armani sind globale Marken; sie entsprechen den Vorstellungen, die Käufer von Italien haben.

Da Coca-Cola ungefähr 70 Prozent des Umsatzes und 80 Prozent der Gewinne außerhalb der USA erzielt, versteht sie sich nicht als typisch amerikanische, sondern als globale Marke. Und das ist sie auch, im wahrsten Sinne des Wortes. (Robert Goizueta, lange Zeit Cokes CEO, war aus Kuba.)
Es wäre jedoch eine Marketing-Todsünde, wenn Coca-Cola das amerikanische Erbe über Bord werfen würde. Jede Marke (ungeachtet dessen, wo sie abgefüllt, zusammengebaut, hergestellt oder produziert wird) hat einen Stall, aus dem sie stammt. Da die amerikanische Kultur (vor allem im Musik-, Film- und Fernsehbereich) bis zu den entlegensten Winkeln der Erde durchgedrungen ist, konnte Coca-Cola

aus seiner amerikanischen »Connection« gewaltige Vorteile ziehen. *»It's the real thing«*, sagen die Coke-Trinker mit Akzenten, die aus aller Herren Länder stammen.

Jede Marke hat, wie jeder Mensch, ein Herkunftsland. Ein Amerikaner der fünften Generation mit irischer Abstammung könnte sagen, er sei durch und durch »Ire«. Coca-Cola, in Mexiko abgefüllt, ist und bleibt trotz Multikulti-Anstrich eine Gringo-Marke. Das gilt auch für die »zugewanderte« Levi's Jeans, das amerikanische Paradeprodukt schlechthin.

Es spielt keine Rolle, wo Ihre Marke konzipiert oder produziert wurde, der Name und die damit verbundenen Vorstellungen bestimmen ihre geographische Identität. Häagen-Dasz-Eiscreme könnte in New Jersey entwickelt worden sein, aber der Name klingt, als sei er skandinavischen Ursprungs.

Vor einigen Jahren wollte der Firmenchef der SMH Group, der Hersteller der Swatch-Armbanduhren, von uns wissen, was wir von einem Automobil »Made in Switzerland« hielten.

»Gute Idee. Wir haben schon einen zündenden Werbespruch auf Lager: ›Läuft wie ein Uhrwerk.‹«

»Freut mich, daß Ihnen das Konzept gefällt«, erwiderte er. »Wir werden unser neues Produkt ›Swatch‹ nennen.«

»Halt!« warfen wir ein. »Swatch ist eine preiswerte Modeuhr, die man auf die Schnelle kauft, ein paarmal trägt und dann in die Kommodenschublade verbannt. Ein Auto ist ein Produkt, das langfristige Überlegungen und eine ebenso langfristige Investition erfordert. Viele Käufer definieren sich über den

Wagen, den sie fahren. Wenn Sie Ihrem Vehikel schon einen Uhrennamen geben wollen, dann nennen Sie es lieber Rolex.«

Aber unsere Warnungen stießen auf taube Ohren. Das Unternehmen benutzte den Namen Swatch während der Entwicklungsphase des Automobils (zuerst in Kooperation mit Volkswagen, danach mit Mercedes-Benz). Später konnten sich die klügeren Köpfe durchsetzen: Sie tauften das Kind auf den Namen Smart.

Smart gedacht. Das schadstoffarme Fahrzeug mit dem geringen Benzinverbrauch könnte in den verkehrsreichen Großstädten Europas bald der große Renner sein.

Die Wahl des Namens Smart für ein globales Produkt verdeutlicht eine aktuelle Entwicklung im globalen Branding: die Verwendung englischer Namen für Marken, die nicht mit Großbritannien, den USA, Kanada, Australien oder einem anderen englischsprechenden Land verbandelt sind.

Ein Beispiel ist ein Energiedrink, der in Österreich das Licht der Welt erblickte. Der mit Amino- und Kohlensäure angereicherte, koffeinhaltige, entgiftende Muntermacher wurde vom Hersteller nicht etwa »Roter Stier«, sondern »Red Bull« genannt.

Red Bull ist in Europa ein »In-Getränk« geworden, und es befindet sich inzwischen auch in den USA auf dem Vormarsch.

Die drei teuersten Jeansmarken (hundert Dollar und aufwärts) haben englische Namen, aber keine stammt aus den USA. Replay und Diesel werden in Italien geschneidert. Und Big Star ist aus Frankreich.

Englisch rangiert als Fremdsprache weltweit auf Platz eins. Deshalb gilt es bei der Entwicklung eines Markennamens, der weltweit in aller Munde sein soll, darauf zu achten, daß er in Englisch eine gute Figur abgibt. Es muß kein englisches Wort sein, aber es sollte so klingen.

Andrerseits empfiehlt es sich, bei der Übersetzung englischer Werbetexte in andere Sprachen vorsichtig zu sein. Manchmal sind die Ergebnisse verheerend. Was wäre, wenn aus »Die Pepsi-Generation bringt Leben in die Bude« in der chinesischen Übersetzung »Pepsi weckt die toten Ahnen im Schrein auf« wird?

Der Perdue-Slogan »Nur ein starker Mann kann ein zartes Hühnchen grillen« könnte in der spanischen Übersetzung zu »Nur ein Stier von einem Mann kann ein Mädchen weichklopfen« entarten. Und die Aufforderung »Macht ein Faß auf!«, mit der Coors für sein Bier Reklame macht, wird unter Umständen als Hinweis auf »Hat abführende Wirkung« mißverstanden.

Obwohl eine einzige globale Botschaft für eine Marke optimal wäre, sind Anpassungen manchmal unumgänglich, damit sie in anderen Sprachen richtig rüberkommt.

Der BMW gilt seit fünfundzwanzig Jahren als das Nonplusultra des sportlichen Fahrens. Noch bemerkenswerter ist die Tatsache, daß der BMW-Konzern an seiner Strategie festgehalten hat, obwohl die Marke in diesem Zeitraum eine Berg-und-Tal-Fahrt mit drei verschiedenen Werbeagenturen erlebte. Ein so rasanter Wechsel signalisiert in aller Regel das Ende einer rundlaufenden Marke.

Das 19. Gebot im Branding:
Beweisen Sie Kontinuität und Ausdauer

Keine Marke wird über Nacht ein Star.
Der Erfolg wird nicht in Jahren,
sondern in Jahrzehnten gemessen.

Am häufigsten verstoßen Unternehmen gegen das neunzehnte Gebot: Sie leiden unter einer Veränderungsmanie.

Eine Marke kann sich kein Standbein im Gedächtnis der Käufer verschaffen, wenn sie nicht für etwas steht. Aber sobald sie sich dort einen Platz erobert hat, fallen manchen Herstellern tausend Gründe ein, den Ast abzusägen, auf dem sie sitzt.

»Der Markt verändert sich. Wir müssen wohl oder übel mitziehen und unser Produkt den aktuellen Erfordernissen anpassen.«

Märkte mögen sich ändern, Marken sollten bleiben, was sie sind. Unter allen Umständen. Sie können flexibler werden oder in eine neue Richtung blicken, aber sie sollten ihren grundlegenden Merkmalen treu bleiben (sobald sie im Gedächtnis Fuß gefaßt haben) und so unverrückbar sein wie ein Fels in der Brandung.

Wenn die Marktschaukel in die entgegengesetzte Richtung ausschwingt, haben Sie die Wahl: Entweder folgen Sie jeder Marotte und geben Ihrer Marke das letzte Geleit, oder Sie sitzen die Turbulenzen aus und hoffen, daß das Karussell wieder an Ihnen vorüberkommt. Nach unserer Erfahrung zahlt sich Ausdauer letztlich aus.

Tanqueray ist ein Edelgin, der in den oberen Preisgewässern kreuzte. Dann ließen Absolut und Stolichnaya den Trend zum Edelwodka vom Stapel. Tanqueray zog mit Tanqueray-Wodka ins Gefecht.

Wird der Tanqueray-Wodka den Erfolg des Absolut-Wodkas torpedieren? Mit Sicherheit nicht.

Wird der Tanqueray-Wodka den Erfolg des Tanqueray-Gins torpedieren? Mit Sicherheit.

Tanqueray sollte am Gin festhalten und hoffen, daß der Markt irgendwann wieder in seine Richtung ausschwingt.

Marken können Aussagen über die Persönlichkeit beinhalten. (Sie lassen sich mit »Kennungen« vergleichen, Signale mit verschlüsselten Angaben über den Sender.) Die Wahl der Kennung wird häufig von den nonverbalen Botschaften oder Verlautbarungen gegenüber Freunden, Nachbarn, Kollegen oder Anverwandten bestimmt. Manchmal sind dabei auch Botschaften oder Verlautbarungen ausschlaggebend, die nur für Ihr Ego wichtig sind: »Ich fahre einen BMW.«

Wenn Menschen erwachsen werden, möchten sie die Aussagen über ihre Persönlichkeit oft ändern. Jugendliche legen Wert darauf, ihre zunehmende Reife durch einen Markenwechsel zu bekunden, von Coca-

Cola zu Budweiser beispielsweise. Würde die Coca-Cola Company beschließen, ihre Kunden durch »Anpassung an die Marktentwicklung« bei der Stange zu halten, müßte sie logischerweise ein Produkt namens Coca-Cola-Bier einführen.

So seltsam der Name auch anmuten mag, er unterscheidet sich konzeptionell nicht die Bohne von Tanqueray-Wodka, Coors-Mineralwasser oder Crystal Pepsi. Märkte mögen sich ändern; Marken sollten bleiben, was sie sind. Unter allen Umständen.

Im Markt für Hochprozentiges sind Bourbon und Whiskey als braune und Gin und Wodka als weiße Spirituosen bekannt. Es mag einen Trend von Braun zu Weiß geben (den gibt es tatsächlich), aber sollte Brown-Forman deshalb einen Jack-Daniel's-Wodka auf den Markt bringen? Besser nicht.

Natürlich konnte das Unternehmen sich nicht verkneifen, Jack-Daniel's-Bier und Jack Daniel's Cooler einzuführen. Das Bier verlief im Sande, bis man ihm den Hahn zudrehte. Die Softdrinks sind zählebiger, aber in welchem Ausmaß weicht die »Müsli-Marke« das »Macho-Image« von Jack Daniel's auf?

Es mag einen Trend zur mexikanischen Küche geben (den gibt es tatsächlich), aber sollte ein französisches Restaurant seinen Gästen Fajitas anbieten? Besser nicht.

Der Aufbau einer Marke ist eine langweilige Arbeit, bei der die Geduld auf eine harte Probe gestellt wird. Trotzdem gilt: Steter Tropfen höhlt den Stein. Volvo verkauft seit 35 Jahren Sicherheit. BMW-Motoren garantieren seit 25 Jahren das Nonplusultra des sportlichen Fahrens.

Wenn Menschen langweilige Arbeit verrichten, langweilen sie sich selbst über kurz oder lang. Und deshalb hat hin und wieder irgend jemand in einer Firma wie Volvo eine zündende Idee. »Warum beschränken wir uns eigentlich auf diese langweiligen Limousinen für Sicherheitsfanatiker? Warum scheren wir zur Abwechslung nicht mal in den rasanten Sportwagenbereich aus?«

Und so führte Volvo unlängst eine Sportwagenreihe und sogar ein Cabriolet ein. Was bewirkt ein Autohersteller wie Volvo mit einem Stoffdach? Nichts, außer daß seine Sicherheitsbotschaft verwässert wird.

Mittlerweile geht BMW mit einer Kombiversion des ultimativen, sportlichen Fahrvergnügens an den Start. »Warum beschränken wir uns eigentlich auf die Yuppies, die in den Tag hineinleben? Wir brauchen ein Fahrzeug für diese jungen, karrierebewußten Stadtmenschen, sobald sie erwachsen werden und an Heirat und Kinder denken.« (Haben Sie sich schon mal mit einem Kombi zwischen den kegelförmigen Hindernissen auf einer Übungs- oder Teststrecke hindurchmanvöriert?)

Was bewirkt ein Unternehmen wie BMW mit einem Kombimodell? Nichts, außer daß die Vorstellung vom Nonplusultra des sportlichen Fahrens im Gedächtnis der Käufer ausradiert wird.

Kontinuität war das Geheimrezept von Little Caesar, und mit dem Mangel an Kontinuität schaufelt sich die Marke nun ihr eigenes Grab.

»Pizza. Pizza.« hieß das Losungswort der Kette. Wo sonst bekam man zwei Pizzen für den Preis von einer? Die Stärke dieses Brandingprogramms hievte Little Caesar auf die Position der zweitgrößten Pizzakette in Amerika.

»Warum beschränken wir uns eigentlich auf den Pizzaverkauf über den Ladentisch?« überlegten die gelangweilten Lenker des Imperiums. Also führte Little Caesars den Slogan »Delivery. Delivery.« ein. Die Frei-Haus-Lieferung im Doppelpack kam bei den Kunden nicht an, und so fiel die Kette prompt auf Platz drei hinter Pizza Hut und Domino's Pizza zurück.

Aber es sollte noch schlimmer kommen. Little Caesars wurde groß, in der Hoffnung, auf diesem Weg einen Turnaround zu bewirken. Die kleine Pizza verwandelte sich in eine mittelgroße Pizza. Die mittelgroße Pizza verwandelte sich in eine große Pizza. Und die große Pizza verwandelte sich in eine Pizza XL.

Damit begann das Chaos. »Ich möchte eine Pizza, die mittlere.«

»Eine Pizza mittlerer Größe wie bei Pizza Hut? Das ist bei uns die kleine. Oder möchten Sie unsere mittelgroße? Die wird bei Pizza Hut als große Pizza verkauft.«

»Mmmm . . . bekomme ich immer noch zwei Pizzen für den Preis von einer?«

»›Pizza. Pizza.‹ meinen Sie. Nein, das gibt's bei uns schon lange nicht mehr.«

Jammerschade. Little Caesars hatte eine der besten Pizzen im Lande. Die einzige Kette, die sich auf das Segment der Selbstabholer beschränkte. Die einzige mit einer klaren Identität und Botschaft. (Pizza. Pizza.) Jetzt steht sie mit leeren Händen da. Ein armer Sünder, der dafür büßen muß, daß er gegen das Gebot der Kontinuität verstoßen hat.

Inzwischen greifen viele Little-Caesars-Franchisenehmer wieder auf die alte, bewährte Strategie »Zwei für den Preis von einer« zurück, die das Unternehmen besser gar nicht erst in den Wind geschrieben hätte.

McDonald's ist seit Jahrzehnten ein Hamburger-Restaurant für Familien mit Kindern. »Warum beschränken wir uns eigentlich auf Produkte, die sich an Kindern orientieren? Warum bieten wir nicht einen Hamburger für Erwachsene an, um Burger King und Wendy's zu zeigen, was eine Harke ist?«

Und so wurde der Arch Deluxe geboren. 150 Millionen Werbedollar später wurde er als Bankrottburger apostrophiert. Und McDonald's beschloß, ihn klammheimlich aus der »Speisekarte« zu nehmen.

Vielleicht haben Sie eines bemerkt: Es ist nie das Brandingkonzept, sondern immer das Produkt, das zum Flop des Jahres erklärt wird. McDonald's ist ein Restaurant, das sich an Familien mit Kindern ausrichtet. In einem solchen Ambiente mag ein Hamburger für Erwachsene die Geschmackszellen aktivieren, nicht aber die Erinnerung.

Es empfiehlt sich aufzumerken, sobald Sie die Einleitung »Warum beschränken wir uns eigentlich darauf . . .« hören, denn dann ist Gefahr im Verzug.

Sie sollten den Fokus Ihrer Marke begrenzen, um sie ganz groß herauszubringen. Diese freiwillige Selbstkontrolle ist das allerhöchste Gebot im Branding. Ihre Marke muß im Gedächtnis der Käufer für ein einfaches, klar umrissenes Konzept stehen. Die Begrenzung auf die Kernkompetenz ist das A und O im Brandingprozeß.

Kernkompetenz und Kontinuität (nicht über Jahre, sondern über Jahrzehnte) sind die beiden Stützpfeiler des Fundaments, das Ihre Marke trägt, in guten wie in schlechten Tagen.

Rom wurde nicht an einem Tag erbaut. Das gilt auch für eine Marke wie den Romano-Käse.

Citibank ist auf dem besten Wege, sich von einer Bank mit Schwerpunkt Firmenkundengeschäft in eine Konsumentenbank zu verwandeln (die Einlagengeschäfte abwickelt, aber nur eine begrenzte Palette von Bankdienstleistungen anbieten darf). Citibank strebt gleichwohl nach Höherem: Sie will die erste globale Konsumentenbank werden. Es könnte eine Zeitlang dauern, bis das Ziel erreicht ist, aber gut Ding will Weile haben. Doch seit der Zusammenschluß mit der Travelers Group ins Haus steht, gerät der gesamte Brandingprozeß ins Wanken.

Das 20. Gebot im Branding:

Zeigen Sie, daß Sie wandlungsfähig sind, wenn es die Situation erfordert

Marken können verändert werden,
aber nur äußerst selten und mit äußerster Sorgfalt.

Da wir immer wieder das Gebot der Kontinuität und Fokussierung gepredigt haben, stellt sich die Frage, warum wir das Konzept des Wandels überhaupt zur Sprache bringen.

Weil nichts im Leben von Menschen und Marken absolut ist. Es gibt immer Ausnahmen von der Regel. Und das Gebot des Wandels ist die größte Ausnahme von den 22 Geboten im Branding.

Wo findet die Veränderung statt? Unternehmen konzentrieren sich häufig auf ihre internen Aktivitäten, um die Anpassung einer Marke zu erleichtern. Auf Verfahren, Handbücher, Informationsbroschüren, Pressekonferenzen, Werbung, Marketing.

Aber die Verwandlung einer Marke wird nicht firmenintern, sondern im Kopf der Konsumenten vollzogen. Wenn Sie Ihre Marke verändern wollen, sollten Sie Ihr Augenmerk auf das eigentliche Ziel konzentrieren: das Gedächtnis der Käufer und potentiellen Kunden.

Es gibt drei Situationen, in denen es Ihnen gelingen könnte, Ihre Marke auf einen neuen Kurs zu trimmen:

Ihre Marke ist im Gedächtnis der Käufer ein Schatten oder ein blinder Fleck

Diese Konstellation ist die einfachste; sie besitzt das größte Veränderungspotential. Im Grunde gibt es ja keine Marke, also können Sie mit dem Markennamen nach Belieben verfahren. Wenn Sie Lust haben, benutzen Sie ihn für ein völlig anderes Produkt in einer völlig anderen Produktkategorie. Wer weiß, vielleicht gelingt das Bäumchen-wechsel-dich-Spiel.

1985 traf Intel die Entscheidung, aus dem DRAM-Markt auszusteigen (Dynamic Random Access Memory, ein dynamischer, flüchtiger Halbleiterspeicher, der langsamer, aber dafür auch preiswerter als die statischen RAM-Arbeitsspeicher ist), um sich künftig nur noch auf die Herstellung von Mikroprozessoren zu konzentrieren, ein Produkt, das Intel erfunden hatte. Im Verlauf dieses Prozesses avancierte der Name Intel zur weltweit bekanntesten Mikroprozessor-Marke. »Intel Inside« wurde Thema eines Brandingprogramms von unschlagbarer Stärke. (In vielen Fällen interessieren sich die Käufer mehr für den Namen des Prozessors als für den Namen des PCs.)

Intel veränderte seine Marke: Aus den DRAMs wurden Mikroprozessoren. Aber wer wußte, außer einer Handvoll Führungskräfte und Einkäufer in der Computerbranche, daß Intel früher einmal für DRAMs stand?

Ihre Marke soll auf eine niedrigere Stufe der Preisleiter verlagert werden

Durch permanente Preissenkungen können Sie unter Umständen die Preisleiter herunterklettern, ohne daß Ihre Marke Schaden nimmt. Die Käufer sind überzeugt, daß Sie

ein Schnäppchen machen, wenn sie Ihr Produkt kaufen. Dieser Schritt nach unten muß kein Abstieg sein. Marlboro hat seine Zigarettenpreise gesenkt und damit seinen Marktanteil erhöht.
Die Rolls-Royce-Produktion bringt eine Menge Prestige, aber wenig finanziellen Gewinn. Manchmal geraten die Preise aus dem Lot und machen stetige Anpassungen unerläßlich.
Klimmzüge in die andere Richtung, auf eine höhere Stufe der Preisleiter, sind wesentlich riskanter, wenn nicht sogar von vornherein zum Scheitern verurteilt. Das Holiday Inn Crown Plaza war absturzgefährdet, bis die Kette das Holiday Inn aus dem Namen strich.

Ihre Marke befindet sich in einem Feld, das sich nur langsam vom Fleck bewegt, und die Veränderung findet auf der Kriechspur statt

Vor 25 Jahren lebte Citicorp (und ihre Tochter, die Citibank) zu 80 Prozent vom Firmenkunden- und zu 20 Prozent vom Konsumentengeschäft. Heute haben sich die Zahlen fast umgekehrt: Citicorp ist zu 30 Prozent im Firmenkunden- und zu 70 Prozent im Konsumentengeschäft engagiert.
Citicorp jongliert geschickt mit der Verlagerung der Citibank-Marke vom Firmenkunden- in den Konsumentenbereich. Der Schlüssel zum Erfolg war, wie Sie sich vor Augen halten sollten, daß sich im Kopf der bestehenden und potentiellen Bankkunden wenig änderte. Statt des Versuchs, an Vorstellungen und Wahrnehmungen zu rütteln, hat Citicorp genug Zeit verstreichen lassen und geduldig zugewartet, bis der natürliche Prozeß des »Vergessens« einsetzte.

Was im Bankwesen funktioniert, ist in Sparten wie Computer oder Unterhaltungselektronik, die sich rasant verändern, zum Scheitern verurteilt. Es bleibt nicht genug Zeit, zu warten, bis der Prozeß des »Vergessens« beginnt.
Der Kunde hat immer recht. Das ist einer der vielen menschlichen Eigenschaften, die aus der Brandingperspektive ebenso reizvoll wie frustrierend sind. Wenn Sie versuchen, den Käufern klarzumachen, daß Ihre Marke heute völlig anders ist als früher, sollten Sie damit rechnen, daß Ihre frohe Botschaft auf taube Ohren stößt.

- Xerox Computer? Unsinn, Xerox stellt Kopierer her.
- IBM Kopierer? Unsinn, IBM stellt Computer her.
- Epson Computer? Unsinn, Epson stellt Drucker für Computer her.

In einem Werbespot für Miller Lite erspäht der Biertrinker einen berühmten Exfootballstar und sagt: »Sie sind doch ... ähm ... Sie sind doch ... Sie sind ...«
»Nick Buoniconti«, hilft ihm der berühmte Exfootballstar auf die Sprünge.
»Das kann doch nicht sein.«
Kein Witz, sondern wahr. Was Sie in Ihrer Marke sehen, spielt keine Rolle. Es zählt nur, was der Kunde in ihr sieht.
Die Kette Kentucky Fried Chicken hat lange Zeit versucht, das Wörtchen »Fried« in ihrem Namen abzuschütteln. Zuerst wurde sie in »KFC« umbenannt, aber die Veränderung brachte nicht viel, weil die Leute sich den Kopf zerbrachen, wofür die Anfangsbuchstaben stehen mochten. Danach startete sie eine Werbekampagne, in der sie ihre Grillhähnchen als gesunde Alternative zu fritierten Hähnchen anpries.

Dreimal dürfen Sie raten, was passiert ist. Die Leute gingen weiterhin zu KFC, um fritierte Hähnchen zu essen. Unlängst hat KFC das Handtuch geworfen und wieder die Werbetrommel für die fritierten Hähnchen gerührt. »Wir werden das ursprüngliche Rezept ganz groß rausbringen«, erklärte ein Franchise-Nehmer. »Das hat uns schließlich auf die Sprünge geholfen.«

Das Konzept, das Ihrer Marke auf die Sprünge geholfen hat, ist noch immer fest im Gedächtnis Ihrer bestehenden und potentiellen Kunden verankert, dessen dürfen Sie sicher sein.

Wenn Sie Ihre Marke verändern wollen, dann sollten Sie als erstes einen Blick in die Köpfe der Käufer werfen. Haben Sie dort einen angestammten Platz? Oder glänzen Sie etwa durch Abwesenheit? Dann ist es höchste Zeit, daß sich etwas ändert.

Sollten Sie dort sowohl präsent sein als auch eine einzigartige, klar umrissene Vorstellung von Ihrer Marke vorfinden, dann allerdings ist jede Veränderung ein Risiko, das ganz allein auf Ihr Konto geht. Der Prozeß kann sich als lang, schwierig, teuer und vielleicht als unrealisierbar erweisen.

Sagen Sie nicht, wir hätten Sie nicht gewarnt.

Die Filmfotografie wird nach und nach von der digitalen Fotografie abgelöst. Aber Kodak weigert sich, dieser Realität ins Gesicht zu sehen. Der Konzern bemüht sich statt dessen, seine Marke zu retten, indem er den Namen Kodak für seine digitalen Produkte verwendet.

Das 21. Gebot im Branding:

Erkennen Sie, wann das letzte Stündlein Ihrer Marke geschlagen hat

Keine Marke lebt ewig.
Oft besteht die beste Lösung darin,
sie zu Grabe zu tragen.

Die Gebote im Branding sind unumstößlich; sie währen ewig, im Gegensatz zu den Marken, die geboren werden, heranreifen, altern und schließlich sterben.

Ein trauriges Schicksal. Unternehmen sind bereit, Millionen auszugeben, um eine alternde Marke zu retten, aber sie knausern, wenn es gilt, eine neue Marke zu erschaffen.

Wenn Sie das kleine Einmaleins im Branding beherrschen, werden Sie merken, wann es an der Zeit ist, sich von Ihrer Marke zu verabschieden, ohne ihr Leben künstlich zu verlängern.

Chancen für neue Produkte entstehend fortwährend durch die Entwicklung neuer Produktkategorien. Der kometenhafte Aufstieg der Personalcomputer bot Unternehmen wie Compaq, Dell, Gateway, Packard Bell und anderen Marken die Gelegenheit zu zeigen, was in ihnen steckt.

Doch der kometenhafte Aufstieg der Personalcomputer setzte auch die Minicomputermarken wie Digital, Data General und Wang unter Druck.

So ist das nun mal im Leben. Eine neue Generation erscheint auf der Bildfläche und schlägt spannende neue Wege ein. Sie befindet sich auf dem aufsteigenden Ast: Karrieren werden geschmiedet und gedeihen. Die alte Generation befindet sich auf dem absteigenden Ast: Sie ist dem Untergang geweiht und stirbt.

Sie sollten nicht gegen den Lauf der Dinge ankämpfen. Für Marken gibt es, wie für Menschen, eine Zeit zu leben und eine Zeit zu sterben. Es gibt eine Zeit, um in eine Marke zu investieren, und es gibt eine Zeit, um die Früchte, die sie trägt, zu ernten. Und am Ende gibt es eine Zeit, in der man sie eigenhändig zu Grabe tragen muß.

»Tide's in. Dirt's out.« Durch den Aufstieg von Waschmittel-Marken wie Tide von Procter & Gamble mußten sich Kernseifen wie Rinso und Oxydol aufs Altenteil zurückziehen; sie wurden immer hinfälliger und haben inzwischen das Zeitliche gesegnet.

Unternehmen holen sich lediglich Beulen, wenn sie mit aller Macht gegen die Gesetzmäßigkeiten der Natur ankämpfen. Doch das Hospiz für sterbende Marken boomt dank der Finanzspritzen in Millionenhöhe, die in Werbe- und Verkaufsförderungsmaßnahmen gepumpt werden, um die Lebensdauer der Dahinsiechenden künstlich zu verlängern.

Investieren Sie lieber in die nächste Generation. Sparen Sie das Geld, das Sie für die lebensverlängernden Systeme veranschlagt hätten, und geben Sie es für ein neues Produkt mit Zukunft aus.

Viele Manager treffen schlechte Finanzentscheidungen, weil sie nicht in der Lage sind, zwischen zwei wichtigen Nutzenaspekten einer Marke zu differenzieren:

- Wie bekannt ist die Marke?
- Wofür steht die Marke?

Eine bekannte Marke, die für nichts (oder für ein veraltetes Konzept) steht, hat keinen Wert oder Nutzen. Eine Marke, die für etwas steht, hat auch dann einen Wert oder Nutzen, wenn sie nicht bekannt ist wie ein bunter Hund.
Aus einer Marke, die für etwas steht, können Sie etwas machen. Wenn Sie hinter ihr stehen, können Sie zumindest die Chance wahrnehmen, sie Schritt für Schritt in eine starke Marke zu verwandeln. Das gelingt Ihnen vor allem, wenn Sie für die nötige Publicity sorgen.
Was ist ein Kraft? Wissen Sie's? Wenn eine Marke zwar bekannt ist, aber für nichts steht, fehlen ihr die natürlichen Voraussetzungen für ein publicitywirksames Auftreten und andere Brandingtechniken, die sie ins Rampenlicht rücken. Für sie geht der Weg zwangsläufig bergab.
Was ist ein Kodak? Ein konventioneller Fotoapparat und ein konventioneller Fotofilm. Aber dieser Markt hat ausgedient und macht langsam, aber sicher der digitalen Fotografie Platz.
Dieses Los war auch der 8-mm-Filmkamera plus dazugehörigem Filmmaterial beschieden. Zumindest für die Hobbyfotografen sind Filmkameras »out«. Sie wurden nahezu vollständig von elektronischen Systemen abgelöst, die Videokassetten verwenden. Wie hat der Kodak-Konzern versucht, den Verlust des Amateurfilmgeschäfts wettzumachen, in dem er die Nummer eins war? Richtig. Er hat seinen Namensschild an Videokassetten gehängt.
Ist Kodak die Nummer eins im Videokassettengeschäft? Natürlich nicht. Der Name Kodak steht für Fotografie. Er hat in der Welt außerhalb der konventionellen Fotografie keine Macht.
Doch die Videokassetten sind lediglich ein Scharmützel verglichen mit der Schlacht, die zwischen Fotokameras und Digitalkameras tobt. Langfristig ist Kodaks milliarden-

schwere Fotografiesparte ein Dinosaurier und vom Aussterben bedroht. Findet eine digitale Evolution statt?
Die Geschichte ist nicht auf Kodaks Seite. Der Rechenschieber wurde durch den Taschenrechner ersetzt. Der Analogrechner wurde durch den Digitalcomputer ersetzt. Die Schallplatte wurde durch Compactdiscs ersetzt. Die analogen Mobiltelefone werden durch Digitaltelefone ersetzt.
Bei Musik, Fernsehen und Telefon geht der Trend zur Digitalisierung. Ein Durchschnittsauto besitzt heute mehr digitale Speicherkapazität als eine IBM-Großrechneranlage (Mainframe) vor nicht allzu langer Zeit.
Kampf oder Flucht? Wie nicht anders zu erwarten, hat Kodak beschlossen, zweigleisig zu fahren. Und nach unserer Meinung begeht das Unternehmen schwerwiegende Brandingfehler an beiden Fronten.
Was die Fotografie angeht, so war Kodak der größte Impulsgeber bei der Entwicklung des Advanced Photo System, APS genannt, ein technisch hochentwickeltes Aufnahmeverfahren. Basierend auf einem neuen 24-mm-Film und neuen elektronischen Kontrollsystemen, kann man beim APS unter drei Printformaten wählen, und es bietet noch weitere Vorteile. Der Nachteil ist: Abgesehen von der massiven Investition, die Kodak im Vorfeld in das APS tätigte, müssen nun die Fotoläden einige hundert Millionen Dollar für eine neue Filmentwicklungsausrüstung berappen.
(Man weiß, daß der Konzern bei der Entwicklung des APS tief in die Tasche gegriffen hat, weil es sogar einen neuen Namen erhielt: Kodak Advantix-System.)
Die nächste Frage liegt auf der Hand. Warum soviel Geld in die konventionelle Fotografie stecken, wenn der Markt digital wird? Wäre es nicht besser, das alte System eines

natürlichen Todes sterben zu lassen und das Geld für den Aufbau eines neuen digitalen Produkts zu verwenden?
An der digitalen Front unterläuft Kodak mittlerweile ebenfalls ein schwerwiegender Fehlgriff (vielleicht der größte von allen). Statt eine neue Marke einzuführen, rüstet sich der Konzern mit dem alten Kodak-Namen (Kodak Digital Science) für die Schlacht auf unbekanntem Terrain.
Der Schuß wird mit Sicherheit nach hinten losgehen. Erstens gibt es zu viele Konkurrenten mit einem Renommee, das Kodak im Digitalmarkt fehlt. Zum Beispiel Canon, Minolta, Sharp, Sony und Casio, um nur einige wenige zu nennen. Zweitens und noch wichtiger: Wenn eine revolutionäre neue Produktkategorie in die Jahre kommt, ist der Sieger immer ein revolutionärer neuer Markenname.
Als elektronische Erzeugnisse im Miniaturformat technisch realisierbar waren, räumten nicht Sears, 7-Eleven oder gleich welche alteingesessene Supermarkt- oder Drugstorekette den Markt ab, sondern Blockbuster-Video, eine brandneue Marke.
Als die PCs Einzug in die Büros hielten, machten nicht IBM, AT&T, ITT, Hewlett-Packard, Texas Instruments, Digital, Unisys, Motorola, Sony, Hitachi, NEC, Canon oder Sharp das Rennen, sondern Compaq, eine brandneue Marke.
Was wurde aus Rinso White und Rinso Blue? So gut wie keine Kernseifen-Marke überlebte die moderne Waschmittelära. Werden die großen Fotografie-Marken im digitalen Zeitalter besser abschneiden?
Das bleibt abzuwarten, aber es sieht nicht so aus.

VOLVO

Volvo setzt seit 35 Jahren auf das Konzept, Sicherheit zu verkaufen. Im Zuge dieses Prozesses ist die Luxusmarke Umsatz-Spitzenreiter in Europa geworden. Während der letzten zehn Jahre hat Volvo 849 348 Automobile in den USA verkauft und damit BMW (804 968) und Mercedes-Benz (770 089) überholt.

Das 22. Gebot im Branding:
Pflegen Sie die Individualität Ihrer Marke

Der wichtigste Aspekt einer Marke ist ihre Einzigartigkeit.

- Was ist ein Chevrolet? Ein großer oder kleiner, preiswerter oder teurer PKW oder Jeep.
- Was ist ein Miller? Ein reguläres Bier, ein Lightbier, ein Lagerbier, ein preiswertes oder teures Bier.
- Was ist ein Macintosh? Ein preiswerter oder teurer PC für Freiberufler und Büros oder ein Betriebssystem für die Apple-Macintosh-Rechner.

Das alles sind ausgebrannte Marken, weil ihre Individualität ausgelöscht ist. Natürlich könnte ihr Lebenslicht noch ein paar Jahre in der Marketingarena flackern, weil die Konkurrenz nicht mit Programmerweiterungen geizt. Aber machen Sie sich keine Illusionen: Der Verlust der Individualität schwächt eine Marke.

Was ist ein Atari? Früher war ein Atari ein Videospiel, das marktführende, wohlgemerkt. Dann versuchte es, sich in einen Computer zu verwandeln.

Was ist ein Atari? Eine Marke, die ihre Individualität und damit auch ihr Leben eingebüßt hat.

Aufgrund dieser Individualität ist eine Marke imstande,

ihre wichtigste Aufgabe in der Gesellschaft wahrzunehmen.
Was ist eine Marke? Ein Eigenname, den man anstelle eines allgemein bekannten Begriffs verwenden kann.

- Statt Importbier: Heineken.
- Statt einer teuren Schweizer Armbanduhr: Rolex.
- Statt einer dickflüssigen Spaghettisauce: Prego.
- Statt eines sicheren Automobils: Volvo.
- Statt eines Wagens, der sportliches Fahren garantiert: BMW.

Was ist eine Marke? Eine einzigartige Idee oder ein individuelles Konzept, das man im Gedächtnis der bestehenden und potentiellen Kunden besetzt.
So einfach ist das – und so schwer.

Andreas Buchholz · Wolfram Wördemann

Was Siegermarken anders machen

Wie jede Marke wachsen kann.
Die Ergebnisse der ersten Untersuchungen über die erfolgreichsten Markenkampagnen der Welt

256 Seiten, gebunden mit Schutzumschlag

Wie kann ein ganz durchschnittliches Getränk ohne herausragende Produkteigenschaften sein Marktpotential verzehnfachen? Wie gelingt es Marken mit minimalem Werbeetat, ihre Wettbewerber zu schlagen? Worin besteht das Geheimnis erfolgreicher Markenkampagnen? Die Autoren Andreas Buchholz und Wolfram Wördemann, erfolgreiche Marketer und ehemalige Mitarbeiter im Produktmanagement von Procter & Gamble, geben mit dem vorliegenden Buch die langersehnte Antwort auf diese Fragen. Gestützt auf eine Analyse der 480 erfolgreichsten Markenkampagnen der Welt, haben sie den Erfahrungsschatz der gesamten Marketingwelt zu einem praxisnahen Modell verdichtet, mit dem sich neue »Siegermarken« entwickeln lassen. Ein anschauliches und praxisnahes Lehrbuch, mit dessen Hilfe in Zukunft mit wesentlich größerer Sicherheit absatzstarke Markenstrategien entwickelt werden können.

Christian Mikunda

Der verbotene Ort oder **Die inszenierte Verführung**

Unwiderstehliches Marketing
durch strategische Dramaturgie

288 Seiten, gebunden mit Schutzumschlag

Was macht das Einkaufsparadies zum Erlebnis, zur Ursache für einen Glücksrausch? Wie werden Museen oder Präsentationen belebt und zum einzigartigen Event? Vor allem auf die richtige Inszenierung, die strategische Dramaturgie kommt es an, damit die Aufmerksamkeit der Kunden geweckt und das Bedürfnis der Besucher nach Begegnungen und Emotionen erfüllt werden. Sie optimiert die Erlebniswelten, die uns immer öfter begegnen, sei es in den großen Einkaufszentren, Vergnügungsparks oder im Restaurant. So kann Shopping zum Entertainment oder vielmehr zum Shop-o-Tainment werden.
Christian Mikunda hat die interessantesten Beispiele, die den neuen Zeitgeist verdeutlichen, aus Europa und Amerika zusammengetragen. Mikunda gewährt einen faszinierenden Einblick in die Geheimnisse der Erlebnisplanung und erschließt seinen Lesern neue Wege, um bekannte Produkte als attraktive und unverzichtbare Güter zu verkaufen.

Bernd Schmitt · Alex Simonson

Marketing-Ästhetik

Strategisches Management
von Marken, Identity und Image

400 Seiten, gebunden mit Schutzumschlag

Es ist unmöglich, das allgegenwärtige Warenzeichen der Coca-Cola-Flasche nicht zu erkennen oder den Werbestil von Absolut Vodka mit dem der Konkurrenz zu verwechseln. Wie haben diese Unternehmen diesen unvergleichlichen Appeal für ihre Marken entwickeln können? Schmitt und Simonson, zwei führende Experten auf dem Gebiet des »Identity Management«, zeigen, wie man Marketing-Ästhetik gezielt aufbauen und richtig nutzen lernt. Denn das »Look and Feel« eines Unternehmens schafft den lebendigen Wettbewerbsvorteil.
Über traditionelle Ansätze gehen die Autoren hinaus, indem sie erstmals »branding«, »identity« und »image« kombinieren. Sie zeigen, wie Ästhetik bei Logos, Broschüren, Verpackungen, Werbung, Klängen und Düften gezielt eingesetzt wird, um unvergeßliche Erlebnisse zu verkaufen. Anhand konkreter Erfolgsstories untersuchen die Autoren, was ein Firmen- oder Markenimage unwiderstehlich macht. Hier wird jedem einzelnen Mitarbeiter das entsprechende Werkzeug an die Hand gegeben, um eine unterscheidungskräftige Corporate Identity zu entwickeln und zu transportieren.